想象另一种可能

理
想
国

imaginist

学籥

钱　穆 著

海南出版社
·海口·

图书在版编目（CIP）数据

学籥 / 钱穆著. -- 海口：海南出版社，2021.12
（钱穆作品集）
ISBN 978-7-5730-0304-1

Ⅰ.①学… Ⅱ.①钱… Ⅲ.①治学方法－文集 Ⅳ.
①G795-53

中国版本图书馆 CIP 数据核字 (2021) 第 238805 号

学籥
XUE YUE

作　　者	钱　穆
责任编辑	余传炫
特约编辑	廖畅畅　氍　峿
封面设计	艾　藤
内文制作	陈基胜

海南出版社　出版发行

地　　址	海口市金盘开发区建设三横路2号
邮　　编	570216
电　　话	0898-66822134
印　　刷	山东韵杰文化科技有限公司
版　　次	2021年12月第1版
印　　次	2021年12月第1次印刷
开　　本	787mm×1092mm　1/32
印　　张	7.75
字　　数	157千字
书　　号	ISBN 978-7-5730-0304-1
定　　价	59.00元

如发现印装质量问题，影响阅读，请与发行部门联系：010-64284815。

出版说明

钱穆先生著作简体版系列,经钱先生著作权合法继承人授权,以钱宾四先生全集编辑委员会所编、联经出版事业公司出版之《钱宾四先生全集》为底本,重排新校出版。

一九五八年,钱先生汇辑六篇有关读书门径与治学方法的短论,合为一册,取名《学籥》,在香港自印出版。联经本将其中《本论语论孔学》移至《孔子与论语》,另增入相关文稿七篇。

二〇二一年八月

目 录

序 目 / 1

略论孔学大体 / 3

朱子读书法 / 7

朱子与校勘学 / 34

近百年来诸儒论读书 / 74

学术与心术 / 145

学问之入与出 / 156

推寻与会通 / 176

谈当前学风之弊 / 194

历史与地理 / 215

我如何研究中国古史地名 / 225

李源澄秦汉史序 / 234

古史摭实序 / 239

序 目

《略论孔学大体》　一九五六年十月
《本论语论孔学》　一九五六年八月
《朱子读书法》　一九五五年十月
《朱子与校勘学》　一九五六年二月
《近百年来诸儒论读书》　　民国二十四年十一月
《学术与心术》　一九五五年三月

　　本书凡收文六篇。① 其第五篇成于民国二十四年，时北平各大学学生方发起一读书运动，来征文，原题名"近百年来之读书运动"。旧稿散失，数年前由友人自台北钞寄，兹易今名。其余诸篇，皆成于旅港以后，一九五五、一九五六年间。其

---

① 编者注：一九五八年初版时原收文六篇，后于整编《全集》之时，又增入同类之文七篇，并删去另见《孔子与论语》一书中之《本论语论孔学》一篇，而共为十二篇。

第四篇,民国三十七年始作于江南大学,未经刊布,稿亦遗逸。今所收,则旅港后新作也。自念少孤失学,年十八,即抗颜为人师。蛰居穷乡,日夜与学校诸童同其起居食息。常以晨昏,私窥古人陈编。既无师友指点,亦不知所谓为学之门径与方法。冥索逾十载,始稍稍知古人学术源流,并其浅深高下是非得失。然仅以存之胸怀间,亦未敢轻有所论述也。嗣后稍有撰著,而终不敢轻谈门径方法。良以人之为学,才性既不同,机缘复互异,从入之道,难可一致。自审所窥有限,岂宜妄有主张,转滋贻误。顷年逾六十,少壮所志,十不偿一;精力就衰,殆不能更有所深涉。而厕身师席,亦垂五十寒暑矣。平生微尚,所拳拳服膺,自以谓是者,举以告人,义亦宜然。古人云:"登东山而小鲁,登泰山而小天下。""观于海者难为水。""取法乎上,仅得其中。取法乎中,仅得其下。"本书前两篇述孔学之大体,第三、四篇述朱子读书法。尼山、考亭,学之山海。高山仰止,景行行止。虽不能至,心向往之。管窥蠡测,所不敢辞。第五篇时近俗类,堪资借镜。末篇乃当身感触,私所抱负,亦以附焉。傥有好学之士,取而为法,亦为学入门之一途也。因名之曰"学籥"云尔。

一九五八年六月五日钱穆自识于九龙钻石山寓庐

略论孔学大体

昔人常言孔、孟之学，又言儒学，言汉学、宋学，经学、理学，皆重言"学"。而近人好言孔子思想、儒家思想云云。窃谓中国本缺纯思辨之哲学，故论思想必究其学术。若不问其学术所本，而遽求其思想所归，则子贡已言之："夫子之言性与天道，不可得闻。"颜回亦有"虽欲从之，末由也已"之叹。今居二千五百年之后，而空谈孔子思想，鲜不能使人无单薄空洞之感矣。

孔子之学，惟颜回言之最尽，曰"博文"，曰"约礼"。博文之大者，曰"六艺"，曰"《诗》《书》"。孔子博学，执御执射，又曰："我多能鄙事。"学而时习，皆游于艺之事也。近代科学繁兴，各项工技日新月异，然其为艺也则一。若使孔子生今日，决不目为鄙事而不习。清儒颜习斋论此最深至。此孔学之一途也。

然习斋矫枉过正，不轻习艺而过斥读书。其弟子李恕谷，已悟其非。颜、李之学不能大传于后，亦习斋创议偏激，有以使然。子路曰"何必读书然后为学"，孔子已斥其佞矣。孔门教人读书，首重《诗》《书》。《诗》属文，《书》属史。不通文史而高论仁道，亦非孔学正轨也。

后儒博文之学，偏重《诗》《书》经典，而忽射、御实艺。汉儒如郑康成，宋儒如朱子，皆旷代大儒，亦文亦史，于书无所不晓。其他或偏文，或偏史，其博涉之程度有差等，要之皆有闻于博文之教。

"子以四教，文、行、忠、信。"博文必归于约礼，于是有朱陆之异同。象山、阳明，其于依仁、据德之教，可谓易简。然象山曰："尧舜以前，曾读何书来。"又曰："我不识一字，也将堂堂地做一人。"则于孔门博文之训，仍不能谓无憾。

孔门四科，德行、言语、政事、文学。"颜渊问为邦"，"雍也可使南面"，此皆列德行之科。则孔门之所谓德行，修、齐、治、平，一以贯之，其极必至于能治国平天下。否则何以曰"用之则行，舍之则藏"？岂孝、弟、忠、信，而谓可以藏之不用者乎？故知宋儒论孔学，不论程、朱、陆、王，于依仁、据德之教，阐发良多，而于志道之义，则追求未切。龙川、水心之掎摭朱子，亭林、习斋之纠弹阳明，皆非无见而然也。

东汉诸儒，风标纯美，此亦孔门约礼之一端也。清儒治经，考据明通，此亦孔门博文之一端也。然于儒风衰微之世，转多通艺多才之士，或擅一技，精一能，或留意典章制度，能出而济世用，其著者如唐、如元，此亦儒之一格也。

孔子曰："可与共学，未可与适道；可与适道，未可与立；可与立，未可与权。"又曰："吾道一以贯之。"自宋明理学诸儒兴，然后非可与适道者，即不可与共学，而孔学之规模狭矣。自有清儒，谓惟训诂考据始可尽儒学之能事，是乃可与共学，而终不能相与以适道，斯孔学之境界浅矣。

近儒偏尊清人之考据训诂，而深斥经学与儒统，此又学术之一变也。其风忽焉，既不可久，亦有窥其弊而转治宋学者，乃以谈心说性拈为哲学思辨之题材。此又非孔门志道约礼之学之真相也。

故孔子博学而能一贯。其博学也，必"游于艺"，"依于仁"，"据于德"。游于艺，必尚实习，求实用。依于仁，必施之于人道。据于德，必归之于一己之德性。学必博，乃思以求通。所通者即道也。有小道焉，有大道焉。博弈亦有道，苟不多窥古人成局，不多与名家对手，若不于多变之中运吾思以求其通，而曰"吾知弈道"，斯必为无知之归矣。故多学而一贯之者，乃道也。博学而能一贯之，斯其道大矣。道之大，可以通于天。然必据于德，非性所近，即不可据。又必依于仁，非人所近，即不可依。又必先游于艺，凡人世间一切艺，皆必依仁、据德而始成其为一艺者。故"游于艺"，乃为学之始事。"志于道"，乃为学之终极。贤者识其大，不贤者识其小。而夫子何所不学，又何常师之有。大哉孔子！斯其所以博学而无所成名也。

孔门之学，有始卒焉，有本末焉。今日而言尊孔子，莫过于广共学之途。使人人游于艺,有时习之乐。进而博之,深之,教其依于仁,据于德,而志于道。实学光昌,大道宏通,则人得所安,性得所畅,而孔子之思想,亦即此而在,庶乎使学者亦可仰企于颜子之叹"欲从末由"之一境也。

(一九五六年九月二十八日为孔子诞辰纪念作,
原题名《略论孔学与孔道》。)

朱子读书法

在中国学术史上,若论博大、精微兼而尽之的学者,孔子以下,只有朱子,可算得第二人。孔子是大圣人,不当仅以学者论。而且孔子距我们时代远了,他的成学经过,我们已无法详考。朱子离我们时代近,他的治学经过,还可详考而知。本文则只拈朱子的读书法一项,加以阐说。

朱子教人读书法,纪录留传极多,后人有汇集之成专书者;本文则只择其最精要语论列之。

一

或曰:"读书须是有精力。"至之曰:"亦须是聪明。"曰:"虽是聪明,亦须是静,方运得精神。盖静则心虚,道理方看得出。"

今按：读书须精力，又须聪明，此义尽人皆知。朱子特别提出一个读书的精神条件来，即是如何善为运用我之聪明与精力之条件。此一精神条件便是"静"，静则心虚，更吃紧的是在"心虚"上。

> 问："《易》如何读？"曰："只要虚心以求其义，不要执己见。读他书亦然。"

今按：心虚只是不执己见。若先执一个己见去读书，便是心不虚。所见的将依然是己见，不会看出书中道理。则于自己无长进。

> 看书不可将己见硬参入去。须是除了自己所见，看他册子上古人意思如何。

今按：此是读书第一最要法门。朱子所谓"虚心"，略如今人所谓"客观"。若读书时硬将己见参入，便是心不虚，便不能客观，而不能真有所得矣。

> 大抵义理须是且虚心，随他本文正意看。

今按："且"字重要，"随"字重要，"本文正意"四字更重要。如此读书，看易实难。庄子云："吾与之虚而委蛇。"心既虚了，又要随他本书曲折,怎地去。

近日看得后生,只是教他依本子识得训诂文义分明为急,自此反复不厌,日久月深,自然心与理会,有得力处。

今按:依本子反复不厌,又要识得本书上训诂文义分明,此是读书至要惟一法门。若骤读一本书,便要求明得种种理,又要求于己有所得,此皆是心不静。从来读书,亦无此速化之法。

从头熟读,逐字训释,逐句消详,逐段反复,虚心量力,且要晓得句下文意,未可便肆己见,妄起浮论。
看前人文字,未得其意,便容易立说,殊害事。

今按:"且要晓得句下文意",此语重要。看书了解得书中本意,即是学问有所得。如何了解得书中意,便须随其本文,反复不厌看。容易立说,只是己见。尽说了些己见,到底是于书无所得也。

凡读书,先须晓得他的言词了,然后看其说于理当否。今人多是心下先有一个意思了,却将他人说话来说自家底意思。其有不合者,则硬穿凿之使合。

今按：读书莫要自己心下先有一个意思，此即不虚心也。不虚心人，便易把别人说话来说自己意思，最要不得。此等人将会终身学问无进步。

　　读书如问人事一般，欲知彼事，须问彼人。今却不问其人，只以己意料度，谓必是如此。

今按：此即是以主观读书。以主观读书，只会更增强主观，外此必全无所得。

　　读书若有所见，未必便是，不可便执着；且放在一边，益更读书，以来新见。

今按：此条言读书纵有得，仍不可执着。若便执着，便又成一种己见，又不心虚了。读书工夫，便于此截止。故须放下，再求新见。所谓新见者，也仍是于反复再读此书或读另一书时又另有所见而已。读此书有得有见，读那书又有得有见，反复读，又反复得有见，此始是自己学问长进。

　　学者不可只管守从前所见，须除了方见新意。如去了浊水，然后清者出焉。

今按：从前所见，本亦是我读书所得。但另读新书，便须先将旧时所得者从心除去。譬如一无所知般,此即心虚也。如此始易有新见重入心来。否则牢守那旧所得者,便易成己见。一有了己见,便心不虚,不易再长进。

濯去旧闻,以来新见。

今按:读书有见,不固执,不牢守,是濯去旧闻也。再读新书,续有所得,即重来新见也。

上举各条,是朱子教人读书最大纲领;朱子读书法之最大精义,已尽于此。以下再逐层分析反复详说之。

二

圣人言语,皆天理自然,本坦白易明在那里。只被人不虚心去看,只管外面捉摸。及看不得,便将自己身上一般意见说出,把做圣人意思。

今按:外面捉摸,便是不随他本文正意看。书上本文正意,若你明白得它训诂文义,本是坦白易明,不须再从外面添些子进去。朱子教人读书,说来说去,只是戒人不要把自己意见当作书中意见而已。一语道破,实已再无其他深意也。

牵率古人言语,入做自家意中来,终无进益。

今按:牵率古人言语,入做自家意中来,似乎自家意见更圆成。其实仍是自家这一番意见,并无进益也。而且又把古人书中本意忽略误解了。此病不浅,切戒切戒。

> 读书别无法,只管看,便是法。正如呆人相似,挨来挨去,自己却未要先立意见,且虚心,只管看。看来看去,自然晓得。

今按:读书不能一看便晓,便且再看,再虚心反复看,舍此更无别法了。

> 须是胸次放开,磊落明快,恁地去。第一不可先责效。才责效,便有忧愁底意。只管如此,胸中便结聚一饼子不散。今且放置闲事,不要闲思量,只管去玩味义理,便会心精。心精便会熟。

今按:读书先责效,是学者大病。骏快者,读一书未透,早已自立说,自谓读书见效,其实是无所得。笃厚者,未肯遽立说,却谓读书不见效,反增愁忧,此是心不宽。主要还在懂得先虚心,第一不要抢立说,第二不要问效验。只就书看书,只办此一条心,故谓之心精。心精便是只有此一心。心精了,书自熟。所谓"看来看去,自然晓得"也。此方法好像笨,正如呆人相似。然看书法门,却只此一法,只此一门,别无其他法门。所谓"大巧若拙",最呆最笨的,却是最聪明最易见效的。有志读书,千万莫忽略了此义。

　　宽着心,以他说看他说,以物观物,无以己观物。

今按:朱子教人读书,须心静,须心宽,须心虚,须心精,其实只此一"心"。朱子的读书法,其实即是朱子的"格物"法。就书看书,随物格物,以他说看他说,此是最客观的,此是最合科学方法的。如此看书,自明得书中道理。如此格物,也自易明得物理。却莫先存了一番道理来看书格物。此义最吃紧。

　　或问:"读书未知统要。"曰:"统要如何便会知得?近来学者,有一种则舍去册子,却欲于一言半句上便见道理。又有一种,则一向泛滥,不知归着处。此皆非知学者。须要熟看熟思,久久间,自然见个道理,四停八当,而所谓统要者,自在其中矣。"

今按:读书即心急要求统要,此是心不宽。有些人,遂求于一言半句上即见出统要来,此如初格一物,便要明天理。其实此等统要与天理,仍只是己见耳。但放开心,不责效,又易泛滥;一书看了又一书,一物放过又一物,到底心中还是无所得。故看书须熟看熟思,尽在此书上多挨,挨得,自然有得也。

　　大凡人读书，且当虚心一意，将正文熟读，不可便立见解。看正文了，却着深思熟读，便如己说，如此方是。今来学者，一般是专要作文字用，一般是要说得新奇，人说得不如我说得较好，此学者之大病。譬如听人说话一般，且从他说尽，不可剿断他说，便以己意见抄说。若如此，全不见得他说是非，只说得自家底，终不济于事。须如人受词讼，听其说尽，然后方可决断。

今按：近代学人，最易犯此病。如读《论语》，只抓得一言半句，如"民可使由之，不可使知之"，"唯女子与小人为难养也"等语，便滥肆批评，却不问孔子《论语》二十篇，其他又说了些什么。又如读史，只说专制、不民主、封建、顽固、不开通，寻得一两条证据，便谓中国历史只如此，却不再问一部二十四史，更又记载了些什么。他自谓于孔子思想与中国历史有所见，其实只见了他自己，此所谓"己见"也。

　　近日看得读书别无他法，只是除却自家私意，而逐字逐句只依圣贤所说，白直晓会，不敢妄乱添一句闲杂言语，则久久自然有得。

今按：此条"白直"两字最紧要，须善会。不要妄添注脚，不要曲折生解。书上如何说,便依他如何说,这是"白直"。只有如此,才是真"晓会"。若替他添说曲说,尽添进自己意见,便不白不直了。

上引诸条,是朱子教人读书第一步。读书须先知晓那书中说了些什么,我知晓书中说了些什么,便是学问有得,便是我增长了一番知识。

三

读书只就那一条本文意上看,不必又生枝节。看一段,须反复看来看去,要十分烂熟,方见意味,方快活。令人都不爱去看别段,始得。人多是向前趱去,不曾向后反复。只要去看明日未读的,不曾去细绎前日已读底。须玩味反复始得。用力深,便见意味长,便受用牢固。

今按:朱子教人读书,先要"白直晓会",此事看易实难。既须能静心、宽心、虚心、精心,又须能细绎反复,玩味烂熟,乃得此晓会。读书如交友,交友熟,自然意味深,缓急有所恃。人遇熟友,自然心下快活,不成舍了熟友另去看生人。只想向前趱,亦是心不静。懂得向后反复,才有基址可守,才有业绩可成。朱子此一段话,真值深深玩味也。

看文字,须仔细,虽是旧曾看过,重温亦须仔细。

每日可看三两段。不是于那疑处看,正须于那无疑处看,盖工夫都在那上也。

今按:此条吃紧。读书能白直晓会,才能不旁生枝节。能不向前趱,才能于无疑处仔细用工夫。当知此等境界,此等情况,都当先向自己心地上求。此即是"修心养性",读书做人,打成一片。如此读书,才始不是读死书,才始不是死读书。当知朱子教人读书,即已同时教了人如何修心做人,亦所谓"吾道一以贯之"也。

  只是要人看无一字闲。那个无紧要底字,越要看。自家意里说是闲字,那个正是紧要字。

今按:朱子读书法,乃最科学者。人若懂得科学方法,便懂得此条意义深长。朱子读书法,又是最艺术者。人若懂得艺术欣赏,亦自懂得此条之意义深长也。如此才能白直晓会到极深处,才能受用牢固。

  读书须读到不忍舍处,方见得真味。若读之数过,略晓其义,即厌之,欲别求书看,则是于此一卷书,犹未得趣也。

今按:今人读书,只顾要自己发意见。朱子教人读书,只重在教人长趣味。此是莫大分歧点。然非先求心静，则不易在书中得趣味。未得真趣味，自然也不会有"不忍舍"之一境。此等皆当循序潜玩，莫轻作一番言语看过了。

　　某旧日读书，方其读《论语》时，不知有《孟子》。方读《学而》第一，不知有《为政》第二。今日看此一段，明日且更看此一段，看来看去，直待无可看，方换一段看。如此看久，自然洞贯，方为浃洽。

　　初时虽是钝滞，使一件了得一件，将来却有尽理会得时。若撩东搭西，徒然看多，事事不了。日暮途远，将来慌忙，不济事。

　　李先生云："一件融释了后，方更理会一件。"

今按：朱子以最钝滞法教人，实乃是最快捷、最聪明之法。朱子本人，即是读书最多，学问最广，事事理会，件件精通，融释浃洽，无不洞贯。此是过来人以金针度人，幸有志好学者，万勿忽过。

　　读书不贵多，只贵熟。

今按：我试为朱子此条下一转语。读书能熟自能多。如朱子本人便是一好例。若一向贪多，不求熟，则到头茫然，只如一书未读，此则更例不胜举矣。

朱子读书法　17

泛观博取，不若熟读而精思。

读十通，与读一通时终别。读百通，与读十通终自不同。

读书须是穷究道理彻底。如人之食，嚼得烂，方可咽下，然后有补。

今按：读书熟须如嚼食烂，此条当与白直晓会相参。如吃一口饭，便将此口饭反复咀嚼，自然有味，此即白直晓会也。轻易吞下，不仅无味，而且成了胃病，从此再不喜食。戒之戒之。

大凡看文字，少看熟读，一也。不要钻研立说，但要反复体玩，二也。埋头理会，不要求效，三也。

今按：此为朱子教人读书三大纲领，学者须切记，并依此力行之。

少看熟读，反复体验，不必想像计获。只此三事，守之有常。

读书不要贪多，常使自家力量有余。须看得一书彻了，方再看一书。

今按：看得一书彻了，是我力量能到处。时时只想看一书看得彻了,便会自觉力量有余。若遽要博极群书,遽要学穷精微,便心慌意乱了。当知只有看得一书彻了,才是博极群书法,亦才是学穷精微法。连一书都看不彻,遑论其他。

凡读书,且须从一路正路直去。四面虽有可观,不妨一看,然非是紧要。

今按:读书能从一路正路直去,便是对此书求能白直晓会也。不善读书者,逐步四处分心,譬如行路,东眺西顾,不直向前。如此读书,又便是心下不静,慌张跳动,意见横生,趣味索然矣。

东坡教人读书,每一书当作数次读之。当如入海,百货皆有,人之精力,不能兼收尽取,但得其所欲求者尔。故愿学者每次作一意求之。如欲求古今兴亡治乱,圣贤作用,且作此意求之,勿生余念。又别作一次求事迹文物之类,亦如之。他皆放此。若学成,八面受敌,与慕涉猎者,不可同日而语。

今按:慕涉猎者读书,只是浮光掠影;能八面受敌者读书,乃处处周到。此甚不同,学者不可不细辨。

《学记》曰:"善问者如攻坚木,先其易者,后其节目。"所谓攻瑕则坚者瑕,攻坚则瑕者坚。不知道理好处,又却在平易处。

今按：朱子教人读书法，其实人人尽能，真是平易，而其陈义之深美，却可使人终身研玩不尽。即做人道理亦然，最美好处，亦总在最平易处也。

读书不可兼看未读者，却当兼看已读者。

今按：朱子此条，所谓"兼看"，谓方读一书，旁及他书，同时兼读也。当知兼读已读书，实有受用。兼读未读书，只是分心。心分了，便不易有受用。故每逢读一新书，决当全神一志读。只可兼读旧书，万不当同时又兼读另一新书。

读书只要将理会得处反复又看。

今按：读书不贵多，贵使自己精力有余，贵能于自己理会得处反复又看，贵能于那无疑处看，贵在自己看若无紧要处、闲处用工夫，贵先其易者，贵兼看已读过的书，却不宜兼看未读过的书。此等皆朱子教人读书秘诀。可谓金针度尽，风光狼藉，更无余蕴矣。

上引诸条，可谓朱子教人读书之第二步。若学者先办得一片虚心，又能少读熟读，渐得趣味，到不忍舍处，此即是学问正确入门也。

四

　　或问："看文字,为众说杂乱,如何?"曰:"且要虚心,逐一说看去;看得一说,却又看一说,看来看去,是非长短,皆自分明。"

今按:读书至众说杂乱,已是读书渐多后始知之。然仍只有虚心,逐一说理会之,更无他法也。若真能虚心逐一说理会之,自见众说各有是非长短,却非自己容易立说,将己见硬参入去之谓。学者到此境界,当自辨之。

　　读书须看上下文义,不可泥着一字。扬子"于仁也柔,于义也刚",到《易》中又将刚配仁,柔配义。《论语》:"学不厌,智也。教不倦,仁也。"到《中庸》谓:"成己,仁也。成物,智也。"此等处,须各随本文意看,便自不相碍。

今按:众说杂乱,若能各随本文意看,便见其不相碍。到此,心胸自开,意味自长。若硬要将自己意见参入,孰是孰非,执一废百,只增长了自己意气,于学问无涉也。

　　且依文看,逐处各自见个道理,久之自然贯通。

今按:能逐处各自依文看之,便见各自有个道理,不仅不相碍,久之自会通。此是自己学问长进,却非先出己见来判断众说之比,学者当细参之。

凡看文字,众家说有异同处,最可观。如甲说如此,且捊扯住甲,穷尽其辞。乙说如此,且捊扯住乙,穷尽其辞。两家之说既尽,又参考而穷究之,必有一真是者出矣。

今按:读书至是,始是不容得读者不拿出真见来。然仍是虚心逐一书白直晓会后,真见自出。非是外面捉摸,于书中本意不彻了,却硬把己意牵说曲说也。

学者读书,须是于无味处当致思焉,至于群疑并兴,寝食俱废,乃能骤进。因叹"骤进"二字最下得好,须是如此。若进得些子,或进或退,若存若亡,不济事。如用兵相杀,争得些儿,小可一二十里,也不济事。须大杀一番,方是善胜。

今按:正因不先立己见,故至群疑并兴。正因群疑并兴,故须苦苦大杀一番。若一向以己意衡评一切,信了自己,不信别人,譬如入无人之境,将不见有敌,何须厮杀乎?学者当善体此意。莫谓不管事情曲折,不辨义理精微,只肆意一口骂尽古人,便是大杀善胜也。

看文字须是如猛将用兵，直是鏖战一阵。如酷吏治狱，直是推勘到底。决是不恕他方得。

今按：若真是不恕他，便须将他书中所说，细看熟看，连无疑处，无味处，不紧要处，闲处，逐一依他挨。挨来挨去，方得。所谓猛将酷吏，前面必有难胜强敌，难断疑狱，始见本领。初学人骤难到此境界，万勿轻肆己见，遽自认为如猛将酷吏。切记切记。

看文字如捉贼，须知道盗发处，自一文以上，赃罪情节，都要勘出。若只描模个大纲，纵使知道此人是贼，却不知何处做贼。

今按：学问至此，义理考据，一以贯之矣。近代学者，未读宋儒书，便谓宋儒只讲义理，不务考据。又谓宋儒所讲义理，只凭主观，不求客观。此正如判人作贼，却不全勘其赃罪情节也。

今世上有一般议论，成就后生懒惰。如云不敢轻议前辈，不敢妄立论之类，皆中怠惰者之意。前辈固不敢妄议，然论其行事之是非何害？固不可凿空立论，然读书有疑，有所见，自不容不立论。其不立论者，只是读书不到疑处耳。

朱子读书法　23

今按：读书先贵彻了，彻了后自会疑，疑后自有见。有所见，自不容不立论。此是读书循序渐进必有之境界。故朱子教人读书且虚心，并非要人读书老是无主见也。此层当细会。然今世上却另有一般议论，成就后生懒惰，而并不如朱子此条所举者。如云"莫让人牵着鼻子走"，"莫轻信前人"，"须自出手眼"之类。此亦中怠惰者之意。因从此可以不细心读书，纵我对此书未彻了，仍可对此书作批评。

> 读书无疑须教有疑，有疑者却要无疑，到这里，方有长进。

今按：自无疑到有疑，是一进；自有疑到无疑，又是一进。如此循环，乃可进进不休。

> 读书须是看着他那罅缝处，方寻得道理透彻。若不见得罅缝处，无由得入；看见罅缝时，脉络自开。

今按：朱子此条教人读书须看着它罅缝处，其用心在求对此书道理透彻。今人教人看书中罅缝，却是教人专寻书中破绽，并不是教人对此书透彻。此中大有辨，幸学者细辨之。

> 看文字，且依本句，不添字，那里原有罅缝。如合子相似，自家只去抉开，不是浑沦底物，硬去凿。亦不

可先立说，牵古人意来凑。

今按：朱子教人读书觅罅缝，此略如今人所谓分析法。硬去凿，先立说，只是己见，与他书不相涉。

  学者初看文字，只见个浑沦物事。久久看作三两片，以至于十数片，方是长进。

今按：此即看出罅缝也。看出罅缝，只如打开合子，看出那书中所蕴义理体统，脉络分明，则道理透彻矣。此仍是求了解，不是求推翻也。

  熟读后，自有窒碍不通处，是自然有疑，方可较量。今若先去求个疑，便不得。

今按：读书生疑，仍自虚心熟读白直晓会来。今人先要抱了疑，再去读那书，自谓莫给他牵着我鼻子走；譬如先疑心他是贼，再和他打交道。实则如此读书，深闭固拒，永无进益，真又何苦来。

  大抵今人读书不广，索理未精，乃不能致疑，而先务立说，此所以徒劳苦而少进益也。
  学者须是多读书，使互相发明，事事穷到极致处。

朱子读书法 25

今按：朱子教人读书不贵多，却又怪人读书不广。朱子教人读书须白直晓会，却又怪人索理未精。此等处，大可深味。是亦朱子语之罅缝处，读者正贵由此生疑，由此透入。却并不是教我们先疑了他话，又如何体会到他话中之深意乎？

上引诸条，可谓是朱子教人读书之第三步。学者至此，读书广，索理精，殆已达于成学之阶段矣。

五

> 读书之法，须是用工去看。先一书费许多工夫，后则无许多矣。始初一书，费十分工夫，后一书费八九分，后则费六七分，又后则四五分矣。

今按：此朱子所以教人读书，须用呆人挨法，而到后却博学多通，成为唯一捷径。

> 文字大节目，痛理会三五处，后当迎刃而解。学者所患，在于轻浮，不沉着痛快。

今按：轻浮故不沉着，不沉着故不痛快。今之狂昧者，又误以轻浮为痛快，因此终身无入头处。是皆不肯先虚心痛理会之过。

读书须是普遍周满。某尝以为宁详毋略，宁下毋高，宁拙毋巧，宁近毋远。

今按：此又是朱子教人读书四大纲领。若真能详、能下、能拙、能近，自然沉着，便见痛快矣。纵使后面是迎刃而解，仍当是普遍周满处，不许有些小轻浮。

读书而不能尽知其理，只是心粗意广。

今按：心粗意广便轻浮，纵有聪明，纵有精力，皆无所运使矣。又心粗便意广，意广便心粗，两者亦互为因果。

今人看文字，多是以昏怠去看，所以不仔细。故学者且于静处收拾，教意思在里，然后虚心去看，则其义理未有不明者也。

今按：昏是不聪明，怠是无精力，其实则是心粗意广，轻浮，不沉着，故使聪明精力无处使，遂成昏怠。朱子教人先于静处收拾，让自己意思在里面了，再去看书。此仍是静则心虚，道理方看得出之意。

今人所以读书苟简者，缘书皆有印本，多了。

今按：读书苟简之病，愈后愈甚。只一苟简，则聪明精力皆退矣。苟简引起昏怠，然昏怠亦引起苟简，是仍互为因果。

> 看文字，须大段着精采看，耸起精神，树起筋骨，不要困，如有刀剑在后一般。

今按：着精彩看，便是聪明精力齐用。若懂得宁详、宁下、宁拙、宁近，自然能着精彩。能着精彩看，自能不轻浮，不苟简，不昏怠，而聪明精力亦汩汩然俱来矣。此等处，须学者善体。

> 人言读书当从容玩味，此乃自怠之一说。譬之煎药，须是以大火煮滚，然后以慢火养之，却不妨。

今按：读书须先懂得大火煮，待其滚，然后可用慢火养。此是至要法门。至于如何是大火煮，读者细参本篇上引各条，当自知之。

> 某最不要人摘撮看文字，须是逐一段逐一句理会。

今按：今人读书，多是摘撮，却不肯逐段逐句理会，此属大病。犯了此一病，以上所述朱子教人读书法，种种都用不上。可叹也。

编次文字，须作草簿抄记项头，如此则免得用心去记他。

今按：钞写笔记与读书是两项工夫，然非摘撮看文字。今人误以钞写笔记当作读书工夫，又以摘撮当编次，便永是苟简，决不能沉着痛快矣。

　　宽着期限，紧着课程。

今按：此是朱子教人读书最要工夫。学者须通参本篇前后所引各条，乃可晓会。

　　须是紧着工夫，不可悠悠。又不须忙。只常抖擞得此心醒，则看愈有力。

今按：朱子教人读书工夫，即是养心工夫，又即是处事工夫。养得此心，自能读书，自能处事。然此心又须在读书处事上来养。所谓内外交相养，吾道一以贯之也。

　　小作课程，大施工力。

今按：此又是朱子教人读书最要工夫。课程须缩小，便不犯意广之病。课程须加紧，便不犯昏怠之病矣。工力须大施，

朱子读书法　29

便不心粗。期限须宽着,便不苟简矣。

> 如会读得二百字,只读得一百字,却于百字中猛施工夫理会,子细读诵教熟。

今按:如此读书,则断无聪明不够、精力不足之患矣。自然着精彩,自然长意味,自然生理解。此即所谓"宽着期限,紧着课程","小作课程,大施工力"。

> 如今日看得一版,且看半版,将那精力来更看前半版。

今按:此是读书秘诀,盼天下聪明人切记。

> 如射弓,有五斗力,且用四斗弓,便可挽满,己力欺得他过。

今按:读书人千万莫将自己意见凌驾在书本上,但却不要将自己聪明精力远落在书本后;能循此求之,读一书,必有一书之得。一书既得,便可渐及群书。此乃读书要诀,千万切记。
上引诸条,乃是朱子教人读书,如何运用自己聪明精力处;乃是如何养心,如何格物穷理处。可以小做,可以大成。彻始彻终,都使用得。学者当以此入门下手,亦即以此到达终极境界,无二诀也。

六

曾见有人说《诗》，问他《关雎篇》，于其训诂名物全未晓，便说："乐而不淫，哀而不伤。"某因说与他道："公而今说《诗》，只消这八字，更添'思无邪'三字，共成十一字，便是一部《毛诗》了。其他三百篇，全成渣滓矣。"因忆顷年，见汪端明，说沈元用问和靖："伊川《易传》何处是切要？"尹云："体用一源，显微无间，此似切要处。"后举似李先生。先生曰："尹说固好，然须是看得六十四卦，三百八十四爻，都有下落，方始说得此话。若学者未曾仔细理会，便与他如此说，岂不误他！"某闻之，悚然。始知前日空言无实，不济事。自此读书益加详细云。

今按：此条极重要，近人尤多犯此病。他们常讥宋儒空洞，不凭考据，空谈义理。其实宋儒何尝如此，即就朱子此一条便可见。而近人却多犯了高心空腹、游谈无根之病。即如他们批评中国文化、中国思想，其实多是空洞，不凭考据，自发议论，其病远超宋儒之上。若论其病根所在，则正在读书方法上。故朱子此条，更是倍见重要。

读六经时，只如未有六经，只就自家身上讨道理，其理便易晓。

今按：此条尤吃紧。不要把自家意见硬参入书上去，却要把书上说话反就自家身上讨道理；此不仅读六经，实是读一切书皆该如此。宋儒尊经，亦为近人诟病，然朱子教人"读六经时，只如未有六经"之说，则近人便多不加理会。至如"反就自家身上讨道理"之说，则更不易为近人接受矣。

  经之有解，所以通经；经既通，自无事于解。借经以通乎理耳，理得则无俟乎经。

今按：宋儒尊经，朱子却谓"理得则无俟乎经"。其实读通一切书，便可无俟乎书。此层已是读书到了最后境界。学人当知有此一境，却不可骤企此一境也。

  看经书与看史书不同。史是皮外物事，没紧要，可以劄记问人。若是经书有疑，这个是切己病痛，如人负痛在身，欲斯须忘去而不可得。岂可比之看史，遇有疑，则记之纸耶？

今按：朱子戒学人莫先看史，其要旨在此。然此条当善看。如读《诗》遇训诂名物未晓，此亦是皮外，亦可劄记所疑于纸上，逢人好问。治史亦有通天人之际，明古今之变，大段切己病痛者。近人治学，专重劄记工夫，便全不感痛痒在身，此却是大病痛。总之读书生疑，必须有如负痛在身，欲斯须忘去而不可得，而又无法劄记问人者。宋儒治学，其最高境界在此。若清儒考据，几乎全部可以劄记问人，此其异也。此是宋学精神崇高处，然已超出读书方法范围以外，此篇当不再详论，而姑悬其大义于此。

上引诸条，朱子教人读书而已侵入治学之另一范围中去。当知读书亦仅是治学范围中应有一项目，并非仅知如何读书，便尽治学之能事。本文姑于此提出此另一境界，以待学者之自为寻究焉。

（一九五五年十月香港孟氏图书馆讲。）

朱子与校勘学

一

朱子旷代巨儒,其学所涉,博大精深,古今无匹俦。以理学名高,其余遂为所掩。即其诗文,亦巍然一世宗匠。其整理文学古籍,平生有三书。四十四岁成《诗集传》,六十八岁成《韩文考异》,七十岁成《楚辞集注》。即就文学史范围言,三书成绩,已可卓然不朽。惟其《诗》《楚辞》两种,既已脍炙人口,传诵迄今弗衰。而《韩文考异》,独少为人称道。然自有韩文,历四百年,《考异》出而始勒成为定本。(韩愈卒西历纪元八二四年,《考异》书成在南宋宁宗庆元三年,当西历纪元一一九七年。)自有《考异》,迄今又近八百年,诵习韩文者,皆遵之,更少重定。盖后儒于朱子《诗》《楚辞》尚有诤辨,独《考异》无间然。既群相遵守,遂乃视若固然,而声光转暗也。兹篇特于《考异》独加发挥，俾前儒之用心，重此展显，而承学之士，亦有所取法焉。

自清儒标汉学之名，与宋树异，存心争雄长。其于训诂、考订、校勘，最号擅场。浅见谫闻者，群目宋儒为空疏。不悟即论读书精密，朱子实亦逴然远越，非清儒可比。校勘虽治学末节，欲精其事，亦非兼深于训诂考订者不办。朱子《韩文考异》成于晚年，学诣既邃，偶出绪余，莫非精圆绝伦。虽若仅为校勘之末务，而训释之精，考据之密，清儒能事，此书实已兼备。本篇特就校勘一事粗为籀述，指示大例。庶尊宋学者，勿鄙此为玩物丧志，谓为不足厝怀。尚汉学者，亦破其壁垒，辟其户牖，扩心胸而泯声气。知训诂考订校勘之业，亦复别有本源。凡其所得之浅深高下，将胥视其本原以为定。于以通汉、宋之囿，祛义理、考据门户之蔽，而兼通并包，一以贯之。此固朱子格物穷理之教之一端。则本篇之作，亦非仅为朱子《考异》一书作揄扬鼓吹而已也。

二

朱子《韩文考异》，乃就方崧卿《韩集举正》重加核订。崧卿，莆田人，南宋孝宗时，尝知台州军事，与朱子同时。其书入《四库》。《提要》称其书：

> 所据碑本凡十有七，所据诸家之书，凡唐令狐澄本，

朱子与校勘学

南唐保大本，秘阁本，祥符杭本，嘉祐蜀本，谢克家本，李晀本，参以唐赵德《文录》，宋白《文苑英华》，姚铉《唐文粹》，参互钩贯，用力亦勤。

又曰：

自朱子因崧卿是书，作《韩文考异》，盛名所掩，原本遂微。越及元明，几希泯灭。阎若璩号最博洽，亦未见此本。可称罕觏之笈。

朱子所以继方本而别有作者，其意备见于《考异》之《序文》。其文曰：

此集今世本多不同，惟近岁南安军所刊方氏校定本，号为精善。别有《举正》十卷，论其所以去取之意，又他本之所无也。然其去取，多以祥符杭本，嘉祐蜀本，及李、谢所据馆阁本为定。而尤尊馆阁本，虽有谬误，往往曲从。他本虽善，亦弃不录。至于《举正》，则又例多而词寡，览者或颇不能晓知。故今辄因其书，更为校定。悉考众本之同异，而一以文势义理及他书之可证验者决之。苟是矣，则虽民间近出小本不敢违。有所未安，则虽官本、古本、石本不敢信。又各详著其所以然者，以为《考异》十卷，庶几去取之未善者，览者得以参伍而笔削焉。

《考异》亦收《四库》,《提要》云:

> 其体例,本但摘正文一二字大书,而所考夹注于下,如陆德明《经典释文》之例。于全《集》之外别行。至宋末,王伯大始取而散附句下。以其易于省览,故流布至今,不复知有朱子之原本。其间讹脱窜乱,颇失本来。此本出自李光地家,乃从朱子门人张洽所校旧本翻雕,最为精善。光地没后,其版旋佚,故传本颇少。

此为朱子《韩文考异》之原本。章实斋《校雠通义》有《朱子〈韩文考异〉原本书后》一篇,谓:

> 朱子《韩文考异》十卷,自王留耕散入《韩集》正文之下,其原本久失传矣。康熙中,安溪李厚庵相国,得宋椠本于石门书家,重付之梓。校雠字画,精密綦甚,计字十一万七千九百有奇。谛审此书,乃知俗本增删,失旧观也。

又曰:

> 古人读书,不惮委曲繁重,初不近取耳目之便。故传注训故,其先皆离经而别自为书。至马、郑诸儒,以传附经,就经作注,观览虽便,而古法乃渐亡矣。至于

校雠书籍，则自刘向、扬雄以还，类皆就书是正，未有辨论同异，离本文而别自为书者。郭京《周易举正》，自为一书，不以入经，此尊经也，其余则绝无其例。至宋人校正《韩集》，如方氏《举正》，朱子《考异》，则用古传注例，离文别自为书。是皆后人义例之密，过于古人。窃谓校书必当以是为法。刻古人书，亦当取善本校雠之，自为一书，附刻本书之后。俾后之人，不惮先后检阅之繁，而参互审谛，则心思易于精入。所谓一览而无遗，不如反复之覈核也。

今按：李光地翻雕宋本《韩文考异》，今亦甚少流传，惟商务印书馆涵芬楼影印宋刻《五百家注音辩韩昌黎先生全集》，并附《考异》十卷，亦宋本旧刻，有光绪二十二年丙申黄岩王棻《跋》一篇，谓：

右晦庵朱侍讲先生《韩文考异》十卷，装为八册，皆有祁氏、朱氏、惠氏印。惟首册二卷系补钞，止惠定宇名字二印。疑祁、朱二家所藏本全，至惠氏而失其首二卷，乃借他本，属善书者仿钞，而钤以己印耳。其书当与《五百家注》同时所刊，惟每页十八行，每行十七字，小注则十九字，与《五百家注》异。盖本朱子原定行款也。今之学者，未窥许、郑藩篱，辄诋宋儒为空疏。未入萧《选》堂奥，辄訾八家为尘腐。观朱子于韩公之文，一字一句，不肯轻易放过,其服膺昌黎,诂训不苟如此,岂东汉六朝,所能驾二公而上之者耶!

又有无锡孙毓修《跋》云:

《考异》十卷,犹是朱子原本,未为王伯大所乱,更是罕见闳籍。自明山阴祁氏后,转入惠、丁诸氏。卷中亦有竹垞印记,然考《曝书亭跋语》,则竹垞藏本,有《论语笔解》而无《年谱考异》,与此本不同。岂朱氏有两本耶?抑此印为后人所加耶?

今姑略此诸小节勿论,而涵芬楼此本,与李光地翻雕之祖本仍不同,有可得而辨者。据《四库提要》:

李氏翻雕本:乃从朱子门人张洽所校旧本。第一卷末有洽补注一条,称:《陪杜侍御游湘西两寺》诗,"长沙千里平"句,当作"十里"。言亲至岳麓寺见之,方氏及朱子皆未知。又第四卷末,洽补注一条,辨《原性》一篇,唐人实作"性原";引杨倞《荀子注》所载全篇,证方氏《举正》不误,朱子偶未及考。又第七卷末有洽补注一条,辨《曹成王碑》中"搏力句卒"之义。皆今本所未载。

今按：涵芬楼本，首册二卷系补钞，卷一末有《陪杜侍御游湘西两寺》张洽补注一条云：

> 洽尝至长沙，登岳麓寺，见相识云："长沙千里平"，"千"当作"十"，盖后人误增"ヽ"也。州城方十里，坦然而平。湘西岳麓寺乃独在高处，下视城中，故云："长沙十里平，胜地独在险。"寺中道乡亭观之，信然。此朱先生及方氏所未及，漫志于此，以备考订。

而卷四、卷七皆无张洽补注。可知涵芬楼本非即张校本，其一、二两卷已佚去，而所从补钞者，却是张校本也。又其书除一、二两卷外，尚有残缺。如卷六二十二页，当《韩集》第二十二卷《祭田横墓文》，即残缺半页。二十二页之后面，乃二十三页之后半移前，而二十三页之后半，则系二十四页前面重复。此殆书估欲求弥盖其书篇页残缺之迹，乃另觅他本剪黏。而同卷十四页后半亦与十五页前半重复，原刻明注："此篇重了，错误，当看后篇。"殆是刻书时原已误，未加毁板改正。此则更可怪。书估牟利，轻率如此，则古刻岂诚尽属无误可贵？即此已是治校勘者眼前一好例。然居今可以见朱子当时《考异》原书者，亦仅此一本矣。而此影本又复多误字，盖原本有模糊漫灭处，商务取以影印时，以己意妄加描写而重以致讹；此当据《考异》别本细校。而今传《考异》别本，亦属影印本，其中仍多临影描摹，而其讹更甚者。故必相互对校，庶可得《考异》原书之本真。

王伯大《考异》别本,亦入《四库》,《提要》云:

> 伯大字幼学,号留耕,福州人。理宗朝,官至端明殿学士,拜参知政事。伯大以朱子《韩文考异》,于本集之外,别为卷帙,不便寻览,乃重为编次。离析《考异》之文,散入本集各句之下,刻于南剑州。又采洪兴祖《年谱辨证》,樊汝霖《年谱注》,孙汝听《解》,韩醇《解》,祝充《解》,为之音释,附于各篇之末。厥后麻沙书坊以注释缀于篇末,仍不便检阅,亦取而散诸句下。盖伯大改朱子之旧第,坊贾又改伯大之旧第,已全失其初。即卷首题"《朱文公校昌黎先生集》凡例十二条"者,勘验其文,亦伯大重编之凡例,非朱子《考异》之凡例。流俗相传,执此为朱子之本,实一误且再误也。然注附句下,较与《文集》别行者,究属易观。自宋以来,《经典释文》《史记索隐》,均于原书之外,别本各行,而监本经史,仍兼行散入句下之本,是即其例矣。

今按:商务印书馆《四部丛刊》用元刊本影行《朱文公校韩昌黎先生集》,是即《四库提要》所谓麻沙坊本,改乱王伯大南剑州本之旧第,一误而再误者也。而商务于临影时,遇字迹漫灭模糊处,又率为钩摹,更滋讹误。是为再误而三误矣。

朱子与校勘学

章实斋《校雠通义》有《朱崇沐校刊韩文考异书后》一篇,谓:

> 明万历中,朱子裔孙崇沐,取王伯大剑本重刻。此本行世最广,而标名仍称《朱子韩文考异》,学者不察,遂以王氏之书为《考异》也。王氏此书,兼采樊、韩、孙、祝诸家之说,补缀《考异》之所不逮,良亦有功。其于《考异》全文,初无改窜,至字句小有异同,或为传写之讹。

此为朱子《韩文考异》之别本。除原本别本外,复有东雅堂刊《韩集》所附之节本。《四库提要》引陈景云《韩集点勘书后》云:

> 近代吴中徐氏东雅堂刊《韩集》,用宋末廖莹中世彩堂本。其注采建安魏仲举《五百家注》本为多。复删节朱子单行《考异》,散入各条下。皆出莹中手也。

三

以上略叙《考异》原本、别本、节本竟。以下略论《考异》校勘之用意。朱子又自有一长序,备述其所以著《考异》之意。其言曰:

南安韩文,出莆田方氏,近世号为佳本。予读之,信然。然犹恨其不尽载诸本同异,而多折衷于三本也。原三本之见信,杭、蜀以旧,阁以官,其信之也则然。然如欧阳公之言,韩文印本初未必误,多为校雠者妄改。观其自言为儿童时,得蜀本韩文于随州李氏,计其岁月,当在天禧中年,且其书已故弊脱略;则其摹印之日,与祥符杭本,盖未知其孰先孰后,而嘉祐蜀本,又其子孙,明矣。然而犹曰"三十年间,闻人有善本者,必求而改正之",则固未尝必以旧本为是而悉从之也。至于秘阁官书,则亦民间所献,掌故令史所抄,而一时馆职所校耳。其所传者,岂真作者之手稿?而是正之者,岂尽刘向、扬雄之伦哉?读者正当择其文理意义之善者而从之,不当但以地望形势为轻重也。抑韩子之为文,虽以力去陈言为务,而又必以文从字顺各识其职为贵。读者或未得此权度,则其文理意义正自有未易言者。是以予于此书,姑考诸本之同异而兼存之,以待览者之自择。区区妄意,虽或窃有所疑,而不敢偏有所废也。

言校勘者首重版本,旧本如今言"宋椠""元刻"之类是也。官本如今言"殿版""局刻"之类是也。而朱子则谓旧本、官本不尽可恃,故必多据异本。此王应麟所谓:"监本未必是,建本未必非。"清儒焦循亦云:"汉学不必不非,宋版不必不误。"段玉裁亦云:"宋本亦多沿旧,无以胜今本。"此治校勘学者所不可不知之最先第一义,而朱子固先发之矣。

然校勘既不能偏重一本,而必多据异本,而校勘之业,亦非仅于罗列异文,便谓可尽其能事也。诸本异同之间,则必有是非得失,而评判是非得失,则其学已越出校勘之外。故其学非真能越出于校勘之外者,亦决不能尽校勘之能事。顾炎武《音论》,自言据《诗经》通古音之方法,曰:"列本证、旁证二条。本证者,《诗》自相证也。旁证者,采之他书也。二者俱无,则宛转以审其音,参伍以谐其韵。"可见考据之学,亦必有越出于证据之外者。朱子《考异》所重,则尤重在《韩集》本文之内证。所谓"择其文理意义之善者而从之"是也。文理者,字法、句法、章法皆是。字句章节之法变,而文之意义亦随而变;衡平得失,主要在是。而犹有不尽于是者,则又必深识夫韩氏一集所独具之风格与个性,乃庶可以凭此权度,而以剖辨其是非得失于微茫疑似之间。就韩氏所自言,则曰"陈言务去",又曰"文从字顺各识职"。此韩氏一集特出所在。故必二者兼尽,乃始可以得《韩集》之真是也。抑犹不尽于此。夫曰"文理",则决非仅尽于文字之理而已。夫亦曰"理见于文","理由文见",故言文理者,必深入于文中之意义。孟子曰:"说《诗》者,不以文害辞,不以辞害志,以意逆志,是为得之。"盖必至于是,而后始可谓能"择其文理意义之善者而从之"矣。此又校勘之业之决不尽于校勘,而后始能尽校勘之能事也。

由此言之,校勘之学,固贵于客观之取材,而尤贵乎主观之鉴别。鉴别之深浅高下,则不尽凭乎外在之材料,而实更凭乎校者之心智。而心智有深浅高下，则一视乎其学养所至，而其事固为学者所不易自知者。是则校勘之学，若有凭，而实无凭。故朱子《考异》，有所主，无所废，仍必兼存诸本异同，以待后之览者之更有以自择。此其至谨至慎，所以为至密至当，而为后之治校勘者所必守之矩矱也。故朱子之校《韩集》，不仅校勘、训诂、考据一以贯之，抑考据、义理、文章，亦一以贯之矣。此固巨儒之用心，无往而不见其全体之呈露。后之承学之士，当于此悉心而体玩焉者也。

四

兹试就《考异》原文，粗举例证，以见一斑。

夫校勘必罗举异文，又必辨其得失。而辨定得失，则多有待于他书之旁证。此易知也。然旁证亦有不可恃。如《考异》卷二《赤藤杖歌》，"浮光照手欲把疑"：

> 诸本同，方独从蜀本作"照把欲手疑"。云："《檀弓》有手弓，《列子》有手剑，《史记》有手旗，义同此。诸本多误。"

《考异》云：今按：方说"手"义固为有据。然诸本云"照手欲把疑"，则是未把之时，光已照手，故欲把而疑之也。今云"照把"，则是已把之矣，又欲手之，而复疑之，何耶？况公之诗，冲口而出，自然奇伟，岂必崎岖逼仄，假此

朱子与校勘学　　45

一字而后为工乎？大抵方意专主奇涩，故其所取多类此。

此条方为"欲手""手"字觅证，证则是矣，而不悟其不可从也。朱子则细辨于本书之文理意义，不烦觅旁证而是非定。又方意韩文陈言务去，故专从奇涩处求之。不悟虽曰陈言务去，又必文从字顺各识职，而后始可得韩文之真。清儒戴震有言："学有三难。淹博难，识断难，精审难。"朱子此条，可见其识断，并见其精审。方氏一意于觅证，是知有淹博，不知有识断也。

又如《考异》卷一《赴江陵途中》，"亲逢道边死"：

> 方云：阁本作"道边死"，而从杭、蜀本作"道死者"。
> 《考异》云：今按：古人谓尸为死，《左传》"生拘石乞而问白公之死"，《汉书》"何处求子死"。且古语又有"直如弦，死道边"之说，韩公盖兼用之。此乃阁本之善，而方反不从，殊不可晓也。

此条方从杭、蜀本，意谓"道死者"三字语义自明，故不须觅旁证。而朱子却转觅旁证，定当从阁本。方氏意尤尊阁本，虽有谬误，往往曲从，而此处独不从，乃转失之。可见校勘之学，本于其人学养之深浅，识别之高下；固非仅务觅异本，求旁证，即可胜任愉快也。

又同上，"归舍不能食，有如鱼中钩"：

"中"或作"挂"。方从蜀本作"出",云:《选·文赋》"若游鱼衔钩而出重渊之深",公语原此。(此条"方"字东雅堂本改作"或"字,失其旨矣。)

《考异》云:今按:韩公未必用《选》语,况其语乃"鱼出渊",非"鱼出钩"也。不若作"挂"为近。然第五卷《送刘师服》诗有"鱼中钩"之语,则此"出"字乃是"中"字之误,而尚存其仿佛耳。今定作"中"。

此条方觅《文选》旁证而误其文理。就文当作"中",亦可作"挂",朱子即于《韩集》他篇觅本证,而定为"中"字,又解释讹文为"出"之由来,则决然舍"挂"从"中",更无疑义矣。

又如《考异》卷七《祭窦司业文》,"四十余年,事如梦中":

诸本皆如此。方从阁、杭、《苑》及南唐本作"事半如梦"。云:古梦音平、去声通。石崇诗"周公不足梦"与"可以守至冲"叶。

《考异》云:今按:"事半如梦",语意碎涩,不如诸本之浑全而快健。前人误改,当以重押"中"字之故。不知公诗多不避也。

此条方觅旁证,而朱子即就原文比对,又推论前人校者所以误改之故,则更不须旁证而是非决。王念孙校《淮南王书》,曾谓:"典籍之误,半由传写误脱,半由凭意妄改。"此即凭意妄改之证也。

又如《考异》卷八《平淮西碑》,"弘,汝其以节都统诸军":

> "节"下或有"度"字。"诸",方作"讨"。
>
> 《考异》云:今按:前辈有引《左传》"讨其军实"为"讨军"之证者,恐未必然。若必作"讨",则秦《之罘刻石》,自有"遂发讨师"之语,而晋官有"都督征讨诸军事",皆足为证,不必引《左传》,却不相似也。但公所作《韩弘碑》,但云"都统诸军",则作"讨"者为误矣。不可以偶有旁证,而强引以从之也。

此条见同是寻觅旁证,亦有高下,有贴切不贴切之辨。此等处,正贵学问之淹博,识断之精审。而朱子此条,直从《韩集》他篇寻得本证,则他处纵有旁证,虽若贴切,亦不可从矣。

又如《考异》卷四《游箴》:"余少之时,将求多能,蚤夜以孜孜。余今之时,既饱而嬉,蚤夜以无为。呜呼余乎!其无知乎!"

> "余",方从阁、杭,蜀本作"于"。云:《左传》"于民生之不易","于胜之不可保",杜《注》:"于,曰余。"
>
> 《考异》云:今按:方说不为无据,然与所证之文,初不相似。况下文有"呜呼余乎",则此"于"字皆是"余"字明矣。

此条方氏仍是觅旁证而不贴切，朱子即就原文上下得内证，而案定矣。

又如《考异》卷四《师说》："圣人无常师，孔子师郯子、苌弘、师襄、老聃。（句绝）郯子之徒，其贤不及孔子。"

> 方无"孔子师郯子"五字，而读下六字连下句"郯子之徒"为句。方云：校本一云：郯子下当有"数子"二字，其上当存"孔子师"三字为是。
>
> 《考异》云：今按：孔子见郯子，在适周见苌弘、老聃之前，而圣人无常师，本杜氏《注》问官名语；故此上句既叙孔子所师四人，而再举郯子之徒，则三子在其中矣。方氏知当存"孔子师"字，而不知当并存上"郯子"二字，乃以下郯子二字属上句读之，而疑郯子之下更有"数子"二字，误矣。

今按：韩氏《师说》，后世人人习诵，似乎此条所引，文义明白，绝无可疑者。不知在朱子前，其字数句读无定，劳人如猜谜，有如是之纷纭也。其误皆由文中"郯子"一名重出，而校者妄加臆测，奋笔涂窜，遂致莫衷一是。朱子据史事作旁证，定郯子必当列苌弘、师襄、老聃三人之上。又据上下文义，知下文郯子一名重出。而"郯子之徒"四字，实兼苌弘、师襄、老聃三人在内。则一切自定，不烦再有疑辨矣。从知治校勘，既必精熟文理，又须博涉兼通，始能胜任愉快。校

朱子与校勘学

勘之业，似易实难，即此一条已可见。固非仅从字句异同间臆测，所能定其一是也。又知学问之事，真是一出，则众疑皆消。而真是之明白晓畅，事若固然，往往使人忽于独见此真是者在当时非有甚深学养不办。然则轻视校勘之业，谓其微末不足道者，观于此节，亦可以自见其为意气之偏矣。

又如《考异》卷五《重答张籍书》，"张而不弛，文武不能也"：

> "能"字本皆作"为"。方云：考之《记》，实曰："张而不弛，文武弗能也。弛而不张，文武不为也。"则此"为"字当作"能"字乃是。但李本云：《论衡》尝引此以辟董仲舒不窥园事，正作"为"字。疑公自用《论衡》，非用《戴礼》也。
>
> 《考异》云：今按：作"为"无理，必有脱误。不然，不应舍前汉有理之《礼记》，而信后汉无理之《论衡》也。况公明言"《记》曰"，而无《论衡》之云。且又安知《论衡》之不误哉？今据公本语，依《礼记》，定作"能"字。

今按：此条尤见校勘之不易。既各本尽作"为"字，又有《论衡》作旁证，而朱子独奋改各本，定从"能"字。此非有真知灼见不办。今考朱子所定，首从文义论，"张而不弛"，必是不能，非不为。朱子认作"不为"是无理。识断精审，实已越出于文字义解之外，非仅从事于校勘文字异同者所能企。次则朱子认为本文既明云"《记》曰",则必本《戴记》,不当转据《论衡》,此即就本文得内证也。宋儒黄山谷曾言:"退之文,老杜诗,无一字无来处。"正当从此等处审细认取。当知古人名家成学,作文著书,一字不苟。后人读书校文,亦必一字不苟,乃庶有得于古人之真是。若以粗心浮气临之,先不认古人著书有一字不苟者,乃妄凭己臆,恣情骋说。遇己意不可通,遂妄疑古书之多误。此则尤下于仅知校文字异同者不知其几等矣。朱子又云"且又安知《论衡》之不误",此语似大胆。自近人言之,几所谓蔑视证据,主观之尤。然当知此等处,非有真知灼见者,万万不敢道,抑亦万万不宜道。学有高下深浅,此等非浅学所可骤企。清儒校书,往往好援他书,奋改本字。如喜据《淮南》改《庄子》,又如援引《文选注》《太平御览》诸书改所引原书之类,皆是。不知其所援引,岂便无误?惟苟事校勘,即不免好寻异同。无异同,校勘亦何从下手?故一见他处有作异字,校者常不免先存喜心,欣然跃然,若有所获。此实治校勘者所首当先戒之心病。然非学养之深,亦不足以语此。至如各本均作某字,而校者不顾,必为改定,此尤治校勘者首当力戒,不宜轻犯。而朱子此条,顾独以奋改为定,此戴震所谓"空所依傍",钱大昕所谓"实事求是"。学者当心知其意,而未可轻率效之也。

又如《考异》卷五《贺徐州张仆射白兔书》,"四方其有逆乱之臣,未血斧锧之属,畏威崩析,归我乎哉,其事兆矣":

诸本多如此，嘉祐杭本亦然。方本"之属"作"其属"，属下句。"析"作"杵"，云：汉《终军传》："野兽并角，明同本也。众支内附，示无外也。殆将有解编发，削左衽，而蒙化者。"又王褒《讲德论》："今南郡获白虎，偃武兴文之应也。获之者张武，张而猛也。"公言盖祖此。

《考异》云：今按：嘉祐诸本"之""析"二字，文理分明。方氏但据蜀本，而不复著诸本之同异，其所定又皆误。盖"其属"归我，事小不足言，不若逆乱之臣归我之为大而可愿也。"崩杵"亦不成文。若用《论语》"分崩离析"之语，则当从"木"。若用《史记》"折而入于魏"之语，则当从"手"。二义皆通。然既有"崩"字，则似本用《论语》中字也。

此条舍"其"从"之"，就事理而判文理也。舍"杵"从"析"，遵用旁证。而旁证多端，复须取舍决夺。不旁证之于《史记》，而旁证之以《论语》。更要者，虽定一是，而仍必兼著诸本之异字，以明我取舍之意，而待读者之自辨。故《考异》必先列方说，不掩其所从来。此不仅为治校勘者所必守之大例，亦凡治训诂考据之学者所应同具之美德也。

又如《考异》卷六《送幽州李端公序》，"及郊，司徒公红帕首，鞾袴握刀，左右杂佩，弓韔服，矢插房，俯立迎道左"：

方从杭本，"刀"下有"在"字，而读连下文"左"

字为句。谢本又校作"在右"。

《考异》云:今按:若如方意,则当云"左握刀,右杂佩"矣。不应云"握刀在左",亦不应唯右有佩也。"在"为衍字无疑,杭本误也。《礼疏》云:"带剑之法在左,右手抽之为便",则刀不当在右,谢本亦非矣。"左右杂佩"当自为一句,《内则》所谓"左右佩用"者也。

今按:此条,清儒姚鼐曾于朱子《考异》持异议。姚氏谓:

> 此当从杭本作"握刀在左"。盖"握刀"者,其佩刀之名。若不连"在左"二字,则真为手持刀而见,无是理也。此杂佩止是戎事之用,如射决之类,与《内则》之杂佩不同。右有而左无,无害。弓矢亦在右,"右杂佩,弓韔服,矢插房",九字相连。《送郑尚书序》:"左握刀,右属弓矢",文正与此同。

今按:姚氏此辨,细按仍不如《考异》所定为是。"握刀"佩刀名,此说殊无据。然若不曲说握刀为佩刀之名,则又无解于"握刀在左"之无此文理也。且握刀亦与持刀有辨。持刀而见,固无是理。若握刀,则握而未抽,不得即认为无理。故姚氏乃不期而曲说握刀为持刀也。姚氏所以于此持异议,为其据韩氏本集《送郑尚书序》为本证,故疑朱子有误。然考《送郑尚书序》云:"府帅必戎服,左握刀,右属弓矢,帕首袴靴,

朱子与校勘学　53

迎郊。"《考异》于此条云"当作左握刀,不应云握刀在左",实即同据《送郑尚书序》文而云。若杂佩如姚说,只指戎事所用,则亦如《郑尚书序》文所云"左握刀,右属弓矢",七字已足,何烦添作十三字?今依《考异》所释,仅十二字,而又添叙出"左右杂佩"一事,故知姚氏之辨仍非矣。姚氏与朱子,同据《送郑尚书序》,而所定是非高下显不同。校勘之事,仅凭异本旁证之未能胜任而愉快,此岂不可见乎?

又如《考异》卷六《送陆歙州诗序》,"我衣之华兮,我佩之光。陆君之去兮,谁与翱翔":

> 诸本如此。方从阁、杭本,"光""翔"下皆有"兮"字,"去"下无"兮"字。

> 《考异》云:今按:古诗赋有句句用韵及语助者,《赓歌》是也。有隔句用韵及兮,而兮在上句之末,韵在下句之末者,《骚经》是也。有隔句用韵,而上句不韵不兮,下句押韵有兮者,《橘颂》之类是也。今此诗,方本若用《赓歌》之例,则"华""光"有兮而不韵,其"去"字一句又并无也。若用《骚经》之例,则"光""翔"当用韵,而不当有兮。"华"虽可以有兮,而"去"复不可无兮也。若用《橘颂》之例,则下三句为合,而首句不当有兮也。韩公深于《骚》者,不应如此。盖方所从之本失之也。今定从诸本,以《骚经》及贾谊《吊屈》首章为例。若欲以《橘颂》为例,则止去方本首句一"兮"字,

尤为简便。但无此本,不敢以意创耳。

今按:校勘之事,有苟无旁证则绝不可定者,如此条之例是也。然欲觅旁证,则书籍浩如烟海,有可引以证此,复有可他引以证彼者。证既多门,彼此两歧,苟非本书确有近于某例之内证,则此多歧杂出之旁证,又何从为抉择从违乎?朱子此条,谓"既无此本,不敢以意创",此尤至慎至密,为治校勘者所必知也。

五

又如《考异》卷六《送高闲上人序》,"今闲师浮屠氏,一死生,解外胶":

> 诸本作"胶",方从杭、欧、谢本作"缪"。云:缪,莫侯切,犹绸缪也。《庄子》:"内鞿者不可缪而捉",义盖同此。
>
> 《考异》云:今按:胶者,黏着之物,而其力之溃败不黏为解。今以下文"颓堕溃败"之语反之,当定作"胶"。

今按:此条见旁证之不如内证。方证之于《庄子》,乃旁证。《考异》证之以本篇下文"颓堕委靡溃败不可收拾"之语,而定为"胶"字。抑所胜于方者远矣。

又如《考异》卷六《祭田横墓》文,"贞元十一年九月,愈如东京,道出田横墓下":

> 十一年,诸本或作十九年。"月"下有"十一日"字。"如东京",或作"东如京"。洪氏曰:"东京,洛阳也。公以贞元十一年出长安,至河阳,而后如东都也。十九年秋,则公为御史,是冬即贬阳山,安得以九月出横墓下?唐都长安,亦不得云'东如京'也。"方从阁、杭、蜀本作"东如京",云:"田横墓在偃师尸乡,洛阳东三十里,今公自河阳道横墓下以入洛,故云'东如京'也。"
>
> 《考异》云:今按:洪氏作"如东京",及考岁月皆是。方氏亦以京为洛阳,但据三本,必欲作"东如京"为误耳。今且未须别考他书,只以其所引田横墓在洛阳东者论之。则自墓下而走洛阳,乃是西向,安得言"东如京"乎?况唐都长安,谓洛阳为东京则可,直谓之京,则不可,其理又甚明。若据《元和郡国志》,则河阳西南,至河南府八十里,其大势亦不得云"东如京"也。此又三本谬误之一证,故复表而出之。

今按:如方说,原文当作"自东如京",非"东如京"也。既不当直呼洛阳为京,自河阳往,亦不得云自东往。此之谓不合文理,而方氏之误断然矣。校勘之事,重内证,有不烦旁考而可定者,如此条之例是也。

又如《考异》卷八《平淮西碑》,"皇帝历问于朝一二臣外":

> 或作"外臣",方从杭、《苑》无"外"字。(东雅堂本删"方从"字。)
>
> 《考异》云:今按:此句若作"外臣",则当时朝臣自以伐蔡为不可,非独外臣也。若作"一二臣",则当时举朝之臣,皆以伐蔡为不可,又非独一二人也。考之下文,所谓"一二臣同,不为无助"者,又正指武元衡、裴度一二人赞伐蔡之谋者而言。则此乃谓唯一二臣以为可,而其外群臣,皆以为不可耳。诸本作"外臣",及无"外"字,皆非是,惟作"臣外"者得之。

今按:此亦不烦旁证,即本文自证而可定也。

又如《考异》卷四《伯夷颂》,"若至于举世非之,力行而不惑者,则千百年乃一人而已耳":

> 方从杭、《粹》及范文正公写本,无"力行"二字,"千"下有"五"字,云:"自周初至唐贞元末几二千年,公言千五百年,举其成也。"
>
> 《考异》云:今按:此篇自一家、一国以至举世非之而不惑者,泛说有此三等人,而伯夷之穷天地亘万世而不顾,又别是上一等人,不可以此三者论也。前三等人,皆非有所指名,故举世非之而不顾者,亦难以年数之实

论其有无,且以千百年言之,盖其大约如此耳。今方氏以伯夷当之,已失全篇之大指。至于计其年数,则又舍其几二千年全数之多,而反促就千五百年奇数之少,其误益甚矣。方说不通文理,大率类此,不可以不辨。

今按:此条又是不烦再寻旁证,即就文理定之而可者。学者观于朱子之必向外寻证处,可见朱子读书之博。遇其不烦向外寻证处,可悟朱子读书之精。亦必"博"与"精"兼到,而后始可尽校勘之能事,亦即此而见矣。

六

又如《考异》卷六《送李愿归盘谷序》,"隐者之所盘旋,友人李愿居之":

> 诸本下皆有"旋"字。洪氏石本、杭本同。或作"桓"。方从樊氏石本、阁、蜀、《苑》删去。
> 诸本及洪氏石本皆作"友"。方云:"樊氏石本作'有'。"
> 《考异》云:今按:校此书者,以印本之不同,而取正于石本。今石本乃又不同如此,则又未知其孰是也。然以理推之,则作"有"者为无理。故今特详著之,以见所谓石本者之不足信也。

今按：校书者苦于印本多异，而取正于石本，此又从事校勘者所共遵之一术。朱子则谓即石本亦有不可信，贵于以理断。此岂非如近人所讥，宋儒好言理，为喜凭主观之确证乎？不悟取证虽多，仍须断之以理。苟无理以通，而空取多证，则书籍浩瀚，何处而不可以为证？如朱子此等例，实为治校勘者所当细心研玩也。

又同篇，"盘之泉，可濯可沿"：

> 石、阁、杭本"沿"作"湘"。方从蜀本，云：洪氏以为作"湘"者，石本磨灭，或以阁本意之也。然此文自"如往而复"以上，皆二语一韵。以"稼"叶"土"，此类固多。以"容"叶"深"，以《诗·七月》《易·恒卦·小象》考之，亦合古韵。独"湘"不可与"泉"叶。按公《论语笔解》，以"浴于沂"作"沿于沂"，政与此"沿"同义。今只以"沿"为正。

> 《考异》云：今按：方以古韵为据，舍所信之石、杭、阁本而去"湘"从"沿"，其说当矣。然必以《笔解》为说，又似太拘。今世所传《笔解》，盖未必韩公本真也。又按：洪云"石本在济源张端家，皆缺裂不全，惟'可濯可湘'一句甚明"，又与方引洪氏磨灭之说不同，不知何故？姑记之以俟知者。然其大归，只为从"湘"字耳。政使实然，亦不足取也。

朱子与校勘学

今按：校勘考据之学，固贵能得证，然亦有不烦证而可论定者。复有多证转失，反不如少证无证之得者。此非学养功深，于其所援以为证者先有一鉴别之精心，而徒恃多证为贵，则胥不失之矣。如方氏此条，以韩书证韩文，若为有力，而不知《论语笔解》之未必真韩书也。朱子又谓："正使石本实作'湘'字，亦不足取。"此则更非有真识力真定见者，难与论此。苟是有真识力，真定见，则自可不烦多寻外证，亦必不仅恃多证为贵矣。

又按：东雅堂本，于此条《考异》下又云："或曰：'湘'字考之《说文》，云：'烹也。'《诗·采蘋》：'于以湘之。'从湘为正。"此不知何人语，而列之《考异》之下，更不加以分别，使读者误会亦若《考异》原文。且《诗经》湘训烹，朱子宁所不知？试问即不论韵，"可濯可烹"，成何文理？而浅人妄矜以为创获。《庄子》云："时雨降矣，而犹浸灌。日月出矣，而爝火不息。"学问之事，前人早有定论，而后世浮议横起，如此等者又何限。故终贵于读者之自具识断，能自为别择也。

又同篇，"嗟盘之乐兮，乐且无殃"：

"殃"，方从洪校石本作"央"。又云：樊本只作"殃"，然阁、杭、蜀本皆作"央"。王逸注《离骚》云："央，尽也，已也。"方又云：此文如"丛"作蘩，"俊"作畯，"时"作旹，皆石本字也。

《考异》云：今按：作"殃"于义为得。又按：此篇诸校本多从石本，而樊、洪两石已自不同，未知孰是。其有同者，亦或无理，未可尽信。按欧公《集古跋尾》云："《盘谷序》石本，贞元中所刻，以《集》本校之，或小不同，疑刻石误。然以其当时之物，姑存之以为佳玩。其小失，不足校也。"详公此言，最为通论。近世论者，专以石本为正。如《水门记》《溪堂诗》，予已论之，《南海庙》《刘统军碑》之类亦然。其缪可考而知也。

今按：欧公、朱子，皆已发石本不可恃之论。而直至近代，治校勘者，得一石本，总以为其价值必超刻本上，则甚矣流俗之难与语也。

又如《考异》卷四《汴州东西水门记》，"维汴州，河水自中注。厥初距河为城，其不合者，诞置联锁于河。宵浮昼湛，舟不潜通。然其襟抱亏疏，风气宣泄，邑居弗宁"：

"湛"或作"沉"。"不"字，方从石本作"用"。

《考异》云：今按上下文意，盖言置锁虽足以禁舟之潜通，然未免亏疏宣泄之患，故须作水门耳。诸本作"舟不潜通"者是也。今上文既言置锁，而下文乃云"舟用潜通"，则是锁为虚设，而其下句亦不应著"然"字矣。若以为误，则石本乃当时所刻，不应有误。然亦安知非其书者之误？刻者之误？况或非所亲见，则又安知非传者之误耶?其说之未尽者,又见于《鬻堂》《盘谷》等序,览者详之。

今按:朱子校韩文,认为即石本亦有不可恃;此乃治校勘者一甚大议论,故朱子特再三反复郑重明白言之若是也。

又如《考异》卷五《郓州谿堂诗序》,"惟郓也,截然中居,四邻望之,若防之制水,恃以无恐":

> 阁、杭、蜀及诸本皆有"四邻望之"一句,方从石本删去。

《考异》云:今按文势及当时事实,皆当有此句。若其无之,则下文所谓"恃以无恐"者,为谁恃之耶?大凡为人作文,而身或在远,无由亲视摹刻;既有脱误,又以毁之重劳,遂不能改。若此者,盖亲见之,亦非独古为然也。方氏最信阁、杭、蜀本,虽有谬误,往往曲从。今此三本,幸皆不误,而反为石本脱句所夺,甚可笑也。

今按:此条朱子指明石本亦有误,不可尽从,情事宛然,又出亲见,其理殆无可疑矣。然朱子《考异》成书,距今又八百年,而治校勘者,获一石刻出土,必群认为至宝,谓必可据;此非浅见,则必是成心为病难疗也。

又如《考异》卷七《李元宾墓铭》:"已呼元宾,竟何为哉!竟何为哉!":

《考异》云：诸本无此再出"已呼元宾"四字，方从石本。今亦从之。但方又云：上"竟"字石本作"意"，而邵公济尝叹其句法之妙。谓欧公而下，好韩氏学者，皆未之见。遂从其说，定上字作"志意"之"意"，下字作"究竟"之"竟"。则予不识其何说也。窃意若非当时误刻，即是后来字半磨灭，而读者不审，遂传此谬，好事者又从而夸大之，使世之愚而好怪者，遂为所惑，甚可笑也。

今按：此见石本有可从，有不可从。即同在一石，亦当凭文理事理为取舍。而方氏此处之盲从石本，更为无理可笑。又按：上文已两见"已呼元宾"四字，故此处四字谓是再出也。

又如《考异》卷四《汴州东西水门记》，"监军是咨，司马是谋"：

诸本及石本，皆有此二句，方从阁本删去，云："阁本盖公晚日所定，当从之。"

《考异》云：今注此二语，疑后人恶"监军"二字而删之耳。方氏直谓阁本为公晚年所定，不知何据而云然。以今观之，其舛误为最多，疑为初出未校之本，前已辨之详矣。大抵馆阁藏书，不过取之民间，而诸儒略以官课校之耳，岂能一一精善，过于私本？世俗但见其为官本，便尊信之，而不复问其文理之如何，已为可笑。今此乃

朱子与校勘学　　63

复造为改定之说，以钳众口，则又可笑之甚也。

按：朱子谓官本亦未可尽信，未必尽胜于私本，如此处石本与诸本同，朱子舍官本，取石本，可见石本亦固当遵信（此亦朱子语），石本仍有胜官本者。惟既诸本互异，则仍当一一断之以理，不能谓何本之胜于何本也。

又如《考异》卷七《国子助教河东薛君墓志铭》，"曾祖赠大理卿，祖曰元晖，果州流溪县丞，赠左散骑常侍"：

> 方云："祖"下十六字，阁、杭、蜀本皆阙，惟监本与石本同。
>
> 《考异》云：今按：方氏所校专据三本，而谓今本皆不足取。今此数字，乃三本所无，而今有者。若非偶有石本，则必以为后人校增而不之信矣。故知今本与阁、杭、蜀、《苑》、《粹》不同者，未必皆无所自也。观者详之。

今按：此条又是取石本、舍官本之一例。可见朱子并不谓石本尽不可信。然有两石本相异，有官本与石本异，有诸本与官本、石本异，此皆须平心考校，不得一凭成见，谓若者必是，若者必非。而八百年来，治校勘者，岂不仍尊石刻，仍尊官本、古官本，奉为瑰宝，又争斥宋儒治学凭主观。主观之狱，固谁当坐之耶？

七

又如《考异》卷五《与孟东野书》,"独其心追古人而从之":

"从"下方有"今"字。"之"下方有"人"字。云:"谢以贞元本定。"

《考异》云:今按:上语"与世相浊",即是"从今之人",更著二字,则赘而不词矣。旧书之不足据,有如此者。故特详著其语云。

今按:韩公《与东野》此书,即作于贞元十六年。谢氏得此书之贞元本,真可谓稀世奇遇矣。窃疑此当不指刻本,或是传钞本也。然虽旧钞,而不可信有如此,故朱子特大书之,曰:"特详著其语"。此五字乃朱子郑重教人语也。东雅堂本此条,乃删去"旧书不足据"以下云云,则朱子校书精彩,尽为泯灭矣。自此以来,治校勘者,亦率尊古籍旧书,若不可违,此皆朱子所谓"信本而不信理,好奇而不喜常"(此十二字,亦朱子评方本语)之过也。

又如《考异》卷一《古意》,"青壁无路难夤缘":

方从唐本作"五月壁路难攀缘",云:"《鲍溶集》有陪公登华山诗,盖五月也。夤或作攀。"《考异》云:今按:公此诗本以"古意"名篇,非登山纪事之诗也。且泰、

朱子与校勘学　　65

华之险，千古屹立，所谓"削成五千仞"者，岂独五月然后难攀缘哉？若以句法言之，则"五月壁路"之与"青壁无路"，意象工拙，又大不侔，亦不待识者而知其得失矣。方氏泥于古本，牵于旁证，而不寻其文理，乃去此而取彼，其亦误矣。原其所以，盖缘"五月"本是"青"字，唐本误分为二，而读者不晓，因复删去"无"字，遂成此误。今以诸本为正。

今按：方氏此条，既据唐本，又得鲍溶诗为旁证，殆可谓铁案如山，万牛牵不动矣。而朱子专据本诗文理，宁取诸本，不从方校。治校勘者，遇此等别择处，最当潜心深玩，乃可以悟读书用心取舍之所当重也。

又如《考异》卷七《曹成王碑》，"兼州别驾，部告无事"：

"兼"，方作"处"。云："考《旧传》合。"

《考异》云：今按：成王本以温州长史行刺史事，今两奏功，而得处州别驾，又不行州事，则于地望事权，皆为左降矣。以事理推之，不应如此。疑方本误，而诸本作"兼"者为是。盖以旧官仍兼本州别驾以宠之尔。下文又云："部告无事"，则谓温州前此旱饥，而今始无事也。又云："迁真于衡"，则是自行刺史事而为真刺史也。其间不应复有处州一节明矣。旧史亦承《集》误，不足为据。

今按：方氏此条，从《唐史》李皋本传，校合《韩集》碑文，亦疑若证据明确，堪成定论矣。朱子独谓推之事理，旧史亦袭韩文误字，不足据。然试问所谓旧史亦袭韩文误字者，其证何在？可见治考据者，非寻证之难，实定其证之可据之难。非文证之难，而实理证之更难也。

又如《考异》卷六《送陈秀才彤序》，"如是而又问焉以质其学，策焉以考其文，则何信之有"：

> 诸本"何"下有"不"字，方本亦然。
> 《考异》云：旧读此《序》，尝怪"则何不信之有"以下，文意断绝，不相承应，每窃疑之。后见谢氏手校真本，卷首用"建炎奉使"之印，末有题字云："用陈无己所传欧公定本雠正。"乃删去此一"不"字。初亦未晓其意，徐而读之，方觉此字之为碍，去之而后一篇之血脉始复贯通。因得释去旧疑。尝谓此于《韩集》最为有功。但诸本既皆不及，方据谢本为多，而亦独遗此字，岂亦未尝见其真本耶？尝以告之，又不见信。故今特删"不"字，而复详著其说云。

今按：此条各本皆同，似不须校，亦无可校，而朱子独抱心疑，终于获得孤证，删一"不"字，而全篇血脉始通。然学者苟非细读通篇，亦不易知朱子删此一字之妙。学者非从此等处细参，亦不易悟治校勘者之所当用力用心之所在也。凡朱子

朱子与校勘学　　67

《考异》特云"详著其说"者，皆寓深意，所以郑重教人，非苟尔纵笔而已，此尤学者所当深心潜玩也。

又如《考异》卷一《八月十五夜赠张功曹》，"君歌且休听我歌，我歌今与君殊科"：

> 《考异》云：杭本如此，言张之歌词酸苦，而己直归之于命；盖《反骚》之意。而其词气抑扬顿挫，正一篇转换用力处也。方从诸本，"我"下去"歌"字，而"君"下著"岂"字，全失诗意，使一篇首尾不相运掉，无复精神。又不著杭本之异，岂考之亦未详耶？

今按：此条尽斥诸本，独从杭本，而以本诗通体血脉精神加以判定，正可与上一条合看。读者必当于此等处深心潜玩，乃可以见识断精审之所指。

又如《考异》卷九《进撰平淮西碑文表》，"今词学之英，所在麻列"：

> "麻"，或作"成"，方从阁、杭、《苑》、李、谢本。
> 《考异》云：今按：作"麻"殊无理。疑此本是"森"字，误转作"麻"。后人见其误而不得其说，乃改作"成"耳。且公《答孟简书》，亦有"森列"之语，可考也。方氏固执旧本，定从"麻"字，舛谬无理，不成文章，固为可怪。然幸其如此，存得本字，使人得以因疑致察，遂得其真。

此乃汉学、宋学之精神相异处。又按：东雅堂本于此书上文"实能外形骸，以理自胜，不为事物侵乱"语下，添入司马温公《书心经后》一段，与朱子此条所论，深浅偏周，甚相悬隔。读者既不易别出此一条之并非《考异》原文，又其前后评骘大异，多列异说，徒乱读者之思理，亦使读者昧失古人著书之精神。此所以徒务捃摭尚博之无当于学术也。章实斋有言："浙东贵专家，浙西尚博雅。"又谓："博雅之风，渊源朱子。"窃谓章氏此论，若专以辨清儒之学风则可；若诚以论朱子，则朱子虽博雅，亦何害其为专家乎？学者当从此等处细参之，乃可知徒博之无当也。

又如《考异》卷一《感二鸟赋序》，"今是鸟也，惟以羽毛之异，非有道德智谋，承顾问，赞教化者，乃反得蒙采擢荐进，光耀如此"：

> 此下诸本有"可以人而不如鸟乎"一句，方从阁本、《文粹》删去。

《考异》云：今按：诸本所有之句，乃全用《大学》传中语，而意则异矣。二本无之，岂公晚觉其陋而自削之欤？抑后之传者，为贤者讳而删之也。方从二本，意则厚矣。然凡读书者，但当据其本文实事，考评得失，以自警戒，乃为有益。正不必曲为隐讳，以启文过饰非之习也。今此一句，恐或公所自刊，故且从方本云。

今按：此条朱子谓读书者但当据本文实事，考评得失，此亦钱大昕所谓"实事求是"之义也。而《考异》于此处，终从方本删去此句，谓"恐或公所自刊"，此又何从而证之？此等处，尤见朱子用心之厚。《与孟东野书》，论大颠"胸中无滞碍"五字不可删，因删去则害文理也。此处删去"可以人而不如鸟乎"八字，于文理无妨，故删之。而仍著其说，又特谓"恐或公所自刊"。此等处，可见朱子《考异》一书，用心精密，逐处不苟，真可谓义理、文章、考据，兼容并包，一以贯之，而更无遗憾矣。

又按：东雅堂本于此条《考异》云云均删去，仅存"方从阁本、《文粹》删去八字"一语。不知如此等处，正见朱子《考异》精神，不可删也。东雅堂本于《孟尚书书》中添入司马光一条，此处又删去《考异》原文一条，读者若仅窥东雅堂本，必于朱子《考异》原书精神多所漫失。故学者贵能诵原书，而刻书者，尤不当于古人书妄有增删散乱。而治校勘者，则尤当于此等大关节处着意用心也。

上所称引，于朱子《考异》原书，殆如一脔一炙。学者当进就《韩集》，逐篇、逐行、逐句、逐字，细细连《考异》并读，乃可以见校勘之业，虽曰小道，亦已包训诂、考据、辞章、义理，而兼通一贯之。而大儒之成学，其宏纤俱举，细大赅备，必审必谨，不遗不苟，亦格物穷理精神之一种具体表现也。学者从此书入，庶可以有窥于昔人之用心；而岂高视阔步，血气意见之所能想象企及哉！爰特不辞钞摘之琐琐，以箸于篇，聊备尊古媚学之士之潜心焉。

又按：本篇上引张洽"长沙十里平"之说，其实仍当依朱子本作"千里平"。因论版本，详引张说，非谓张说可从也。读者幸勿误会。

（此稿写于一九五六年，刊载于一九五七年二月《新亚学报》二卷二期。）

近百年来诸儒论读书

每一时代的学者,必有许多对后学指示读书门径和指导读书方法的话。循此推寻,不仅使我们可以知道许多学术上的门径和方法,而且各时代学术的精神、路向和风气之不同,亦可借此窥见。本篇为便初学,远的不说,专取其"近己而俗变相类"者,粗述百年来,而自陈澧始。

一 陈澧

(一)

陈澧,广东番禺人,生于清嘉庆十五年,距今已一百二十余年。当他十五岁时,两广总督阮元在广州粤秀山建学海堂,是为长江下游清代考据经学传播到南方之重大开始。陈澧在他十七岁时,始应学海堂季课,而阮元已调云贵。

然陈澧早年,因此受到很深的乾嘉考证学之影响与熏陶。他后来所著书,如《汉书地理志水道图说》《声律通考》《切韵考》等,都还遵守着乾嘉经学正统派的矩矱。然而时代的剧变,鸦片战争,洪杨起事,以及英法军侵入广东,种种惊心动魄,使他渐渐地转换他学术的路径。他说:

> 中年以前,为近时之学所锢蔽。全赖甲辰出都,(道光二十四年,《南京条约》后两年,陈澧年三十五)途中与李碧舲争辨,归而悔之,乃有此二十年学问。

又言:

> 少时只知近人之学。中年以后,知南宋朱子,北宋司马温公、胡安定,唐韩文公、陆宣公,晋陶渊明,汉郑康成之学。再努力读书,或可知七十子之徒之学欤。

这是陈氏自述因于时代转变而影响他走上学术转变之大概。屈指到今,恰恰九十多年。陈氏在当时,受了乾嘉汉学考据极深的洗礼,正当考据学全盛时,他能首先觉其锢蔽,要努力来创造一种学术的新途辙,陈氏实不愧是近百年来提倡新的读书运动之第一人。

（二）

陈氏既发见了汉学考据之锢蔽，遂渐渐转移方向，注意于宋学义理之探求，与学问大体之玩索。其最先完成的第一书，为《汉儒通义》。其书取名"通义"，即是主张从事学问该从大体上探索义理之表示。陈氏谓：

> 汉儒善言义理，无异于宋儒。宋儒讥汉儒讲训诂而不及义理，非也。近儒尊崇汉学，发明训诂，而不讲义理，亦非也。
>
> 窃冀后之君子，祛门户之偏见，诵先儒之遗言，有益于身，有用于世，是区区之志。

陈氏要从"善言义理"这一点上来沟通汉、宋之门户，而以"有益于身"与"有用于世"二语，悬为著书讲学之标帜。当时考据学家之大病，正在持门户之见过深，过分排斥宋儒，读书专重训诂考据，而忽略了义理，因此其所学于身世乃两无关益。陈氏所言，可谓对症发药。故陈氏又谓：

> 经学无关于世道，则经学甚轻。谓有关于世道，则世道衰乱如此，讲经学者不得辞其责。盖百年以来，讲经学者，训释甚精，考据甚博，而绝不发明义理，以警觉世人，此世道所以衰乱。

又说：

> 今人只讲训诂考据，而不求义理，遂至于终年读许多书，而做人办事全无长进，与不读书者等。此风气急宜挽回。

当时学者，正以能考据训诂，自负为最善读书者。而陈氏却直斥其与不读书者等，又且加上他们一个造成世道衰乱的罪状。由今论之，我们实不能不佩服陈氏的大胆与深识。近人尚多认考据训诂为读书治学之不二法门者，其实若专从训诂考据之见地来读书，其间流弊煞是不少。最所易犯者，常为忽略了书中平正通达的部分，而专从难解难考处下手，因此读书不得大体，而流于琐碎。也可说，不注意大道理，而专在枝节上卖弄小聪明。他们训诂考据之所得，并不说是错了，只是于身无益，于世无用。

陈氏又说：

> 朱子云："近日学者意思都不确实。不曾见理会得一事彻头彻尾，东边掉得几句，西边掉得几句，都不曾贯穿浃洽。此是大病。有志之士，不可不深戒。"（《答胡季随书》）朱子论当时道学之弊如此，然今之说经者，尤多此病。

盖专以训诂考据的兴趣与见解来读书，则读书只为我作文地步。只求觅得书中一罅缝,提得出一个题目,写得出几条笔记或一篇文字,或甚至一本书,便谓学问能事已尽。却于所读那书之全体上,或大体上,懒于玩索。陈氏谓:

> 但能全观一经者已少,况欲其融会乎?皆节取一二语,为题目,作经解耳。

当时经学正盛,而学者已懒看全经,其流弊可想。只为专以读书为我作文题目,则极其所成,亦不过为一追逐时趋之名士,却说不上真知学问。

陈氏谓:

> 浮躁者其志非真欲治经,但欲为世俗所谓名士耳。彼徒以讲经学为名士,则其所作经解,不过名士招牌而已。即使解经可取,而其心并不在圣贤之经,此不得谓之读经书之人也。

又说:

> 科举之士,以一句经书为题,作一篇时文。经学之士,以一句经书为题,作一篇经解。二者无以异也,皆俗学也。

其实任何一时代的学术,只要成为时趋,久而久之,未有不成为俗学的。乾嘉经学,正为其太时髦了,一辈人揣摩风气,追随时尚,便不期然而然的成了俗学。陈氏这一纠弹,是值得我们深切体会的。

而且如陈氏意,像当时那般做经解,纵使做得极好,亦只是训诂考据,无关大义,亦只成得一个博士,不成为一个士大夫。"博士"最多能知道了些人家所不知道的,却与做人办事一切世道仍无关。"士大夫"则须从读书中明义理,来做社会上一个有用人物。陈氏说:

> 有士大夫之学,有博士之学。近人几无士大夫之学。士大夫之学,更要于博士之学。士大夫无学,则博士之学亦难自立,此所以近数十年学问颓废也。

陈氏又说:

> 略观大义,士大夫之学也。

陈氏此一分辨极关重要。若在学术界昧失了大义,则训诂考据亦将无所丽以自存。所以说"士大夫无学,则博士之学亦难自立"也。

而且博士之学,正因为其不究大义,只从难解难考处留心,所以又渐渐养成了一种骄矜之心,其读书似乎只在寻求古人罅隙,有意和古人为难,却并不能把前人所著书平心静气从头细读。陈氏说：

> 王西庄云："大凡人学问精实者必谦退，虚伪者必骄矜。若凿空翻案，动思掩盖古人，以自为功，其情最可恶。"（《十七史商榷》卷一百）此所谓博学以知服。

陈氏论学，极提倡"博学以知服"的风气。所谓"博学以知服"者，即是自己学问愈博，愈知道佩服人家。他说：

> 读书者若平心静气，自首至尾读之，于其误者考而辨之，则虽言经误可也，况注疏乎？若随手抽阅，搜求一二以作文字，则言注疏之误亦僭也。
>
> 若真读注疏，自首至尾，于其疏而驳正之，虽寥寥数语，亦足珍。若不自首至尾读之，随意翻阅，随意驳难，虽其说胜于先儒，而失读书之法。此风气之坏，必须救。

当知著书之本在读书。坏了读书风气，便断难有著书成绩。当时读书讲经学的人，竟至不读全经，不读注疏，只是随手翻阅，随意驳难，貌若艰深，实已浅陋。所以陈氏说：

> 余尝言近人多言朴学，然近人之经学，华而非朴。

正因为当时研究经学的，实际上早已不能通体将经文及经疏细读，只一意在难解难考处搜求题目作文，求胜前人，为名士，学时髦。此等风气，不仅不能通义理，不求通义理，而且那番心理更是要不得。陈氏又说：

> 读注疏，既明其说，复读经文者，经学也。不复读经文者，非经学也。读注疏，自首至尾读之者，经学也。随意检阅者，非经学也。读之而即写一简题目，作一篇文字者，尤非经学也。学者之病，在懒而躁，不肯读一部书。此病能使天下乱。读经而详味之，此学要大振兴。

陈氏论学，先注重在工夫上。有了工夫，再能有表现。若把读书认做是作文的工具，这便表现为主，工夫为次。只要东西翻阅，搜求一二题目，来写文章，此种风气，定会养成学术界一种懒而且躁的心理。懒是不肯平心静气，精详阅读。躁是急于成名，好出锋头，掩盖前贤，凌驾古人。

待到读书人全受此种风气之熏陶，由他们出来领导社会，主持时局，其势自然足使天下乱。陈氏的话，一些也不过分。

然而那些不肯从头到尾细心读书，而专做零碎搜求的人，他们还有一套为自己辩护的理论。他们常说"不识字即不能读书"，这是训诂小学家的论调。陈氏说：

> 近人讲训诂者，辄云"训诂明而后义理可明"。此言

是也。然训诂者,古今异言,通之使人知也。读经传之言,固多古今不异,不必训诂而明者,何不先于此而求其义理乎?

又云:

试问今之说经者,非欲明其文义乎?明其文义之后,将再读之乎,抑置之不读乎?若置之不读,则明其文义何为?若明其文义将再读之,则文义已明者多矣,何以不读,而独觅其文义未明者读之乎?

又云:

经文之本明者,世人不读,而惟于其难明者解之。既解亦仍归于不读。解经而不读经,其心曰:"我既解之,已皓首矣,使后之人读之无疑可也。"而后之人又慕其解经,于是又解经,又不读经,不知待何人而始读之也。

当时学者群言经学,而其弊至于不读经。此情真可浩叹。即如当时的汉学家们,对一部许氏《说文》,真不知废却他们几许辈的心力。然而许氏《说文》一书,到底还有不少解不通的字。而道、咸以下,自《说文》而钟鼎古籀,及今而又有殷契龟甲。若待识尽字再读书,岂不真是河清难俟?若论考据，则范围更广大，更是考不胜考。若果读书为学，不先融会大义，只向零碎处考释，则此路无极，将永无到头之期。如是则读书人永远在搜集材料，为人作工具的准备。永远是一些竹头木屑之收藏，永远无一间半架真建筑。照此下去，尽可遍天下是读书人，而实际并无一真读书人，社会上亦并不会受到读书人的真效用。清代乾嘉经学，极盛之后，正犯了这个毛病。而况他们还避免不掉一种懒而躁的心理，在不合理的读书风气下，还会制造出种种牵连而生的病态。陈澧可算是在这种空气里面首先有到觉悟的，在他四十九岁刻成《汉儒通义》，以后他便积极干他新理想的读书工作，直到他七十三岁卒年，前后二十余年，积成了他毕生伟大的巨作《东塾读书记》。

（三）

现在就我们的时代，来平心持论，把《东塾读书记》与乾嘉经学专务训诂考据的许多著作对看，也确实是远胜了。即如刘台拱的《论语骈枝》，为当时学者所推尊，若以较之《东塾读书记》中《论语》之一卷，其间高下得失自显。一则专从难解难考处着想，一则改从大义大体上用心，即面目便自不同。然而陈澧在当时，他自身感受经学的影响，实亦太深了。《东塾读书记》中所论，究竟也还脱不了当时经学的范围；而在经学上看，究竟也还是考据训诂的气味重些。所以陈氏的《读书记》，虽则竭意要追步清初大儒顾炎武的《日知录》，而《日知录》内容,分经术、治道、博闻三类,《读书记》则只能自限于经术之一途。陈氏极爱读《通鉴》,晚年遍治诸史及《通典》,惜今《读书记》中关于史的几卷均未成。由我们今天来平心衡论陈氏学业上之成就,也仍只可算他是一个经学家,这是极显然的。

而且陈氏治经,先劝人从头到尾读一部注疏,他说:

> 读注疏使学者心性静细。

然而在陈氏当时,内忧外患相逼而来,人人有不可终日之想,究竟已非细心静气来从头到尾读注疏的时代了。即使人人再能从头到尾读一部注疏,人人由此养到心性静细的地位,也不见得对社会有何真用处。因此,陈氏的读书主张,只算是看到了从前人的病痛,但他自己所开的药方,却不见有力量,未能使此病霍然而愈。况且《读书记》又是一部太过谨严的书,温和有余,峻厉不足。一辈旧派经学者见了,亦还一般的赞成。至于上举陈氏种种言论,却多半在他的日记、随笔、未刻稿里。他的《读书记》,只是弦有余音,引而不发,不足以发聋震聩。所以陈氏身后,还不见有一个面目一新的读书风气,而仍还是五十步与百步的一进一退,在乾嘉经学训诂考据的积习下讨生活。换辞言之,陈氏在学术思想史上还不够做成一个画界线的人物。

正因近百年来第一个有志开读书新风气的学者,他自己已不能有他很鲜明的旗帜，很清楚的路线，来领导后生学者向一新方向进行，所以直到如今，陈氏所说当时学术界的种种病痛，也多还未能洗涤净尽。似乎现在一般的读书风气，也还脱不了极狭的门户之见，也还看重在小节目上的训诂考据之类，而看轻从学问大体上来求大义之融会与贯通。也还只像是多数走在博士之学的路上，以"为学术而学术"之语调为护符，而实际则学术未必有裨于身世。做学问的仍多只为寻题目作文而读书，以作文为名士招牌之余习，依然存在。也未见大家肯细心来读一部书，从头到尾心性静细来读，也还只是随手翻阅，随意驳难。距离"博学知服"的风气，似乎还尚远。学者的心地，不仅全要掩盖先贤，即在并世师友，亦多轻心凌驾。说到此层，则似乎更不如乾嘉当时。学者骄矜之气，似乎比前益甚。只听说"我爱吾师，我更爱真理"，究竟真识得真理者未必多，而尊师服善之心，则全为其重道爱真理之一句堂皇话头所牺牲了。读书多半是为了作文，作文最好是出奇的发见与创辟。书本似乎只是学者作文时所运用之材料，读书似乎只为是临文时作参考。有人从大体上作大义之融会与玩味，则反目为空洞或腐败。喜骛新知，懒钻旧义。极其所至，最多也只还是何休武库之矛戟，而非郑玄宗庙之礼器。(此亦陈澧语，见《读书记·郑学卷》。)虽则其所考索的内容，与乾嘉经学已有不同，然就种种方面看，今天学术界的风气与路径，却还是乾嘉旧辙。大体上，陈澧所谓"懒与躁"的心病，似乎仍是深深埋在我们的身里。而世道衰乱，我们学术界也还不得不负相当的责任。

二　曾国藩

（一）

治近百年史的，论到人物方面，无论如何，不能不首先推到曾国藩。曾氏气魄之雄厚，人格之伟大，及其在政治上、社会上种种之建立，其不可磨灭处，纵然近人有好持异论的，到底也不能不承认。至论学术，曾氏也有他自己一套独特之旗帜与地位。述说近百年来之诸儒读书论，曾氏是极可注意的一人。

曾氏湖南湘乡人，生嘉庆十六年，后陈澧一年。卒同治十一年，先陈澧十年。曾、陈是同时代的人物。陈氏尝自说："中年以前，为近时之学所锢蔽。"而湖南在清代学术史上，是一个比较落后的省分，曾氏又是一个农家子，所以在他少年时代，幸而却没有受到当时时髦学派之锢蔽。任何一学派，一到时髦，则无不有其锢蔽者。陈氏又说："学者之病，在懒而躁，不肯读一部书。此病能使天下乱。"结果不幸而言中，不久天下果乱了，而曾氏则是力挽狂澜为当时平乱的人物。曾氏读书，生平力主一"耐"字诀，一"恒"字诀。他说："一书未完，断断不读别书。"那时的天下，正在读书人懒而躁，不肯读完一部书的风气下弄坏了，却恰恰在一书未毕，决不换读别书的人的手里把来平定了。我们便把这一件小事,两两相照,尤可见读书人的习惯与风气,对于世道,真有偌大的影响。陈氏常提倡"士大夫之学",说:"士大夫之学,略观大义,有益于身,有用于世。"曾氏做学问,却恰恰是走的这条路。他恰恰来为陈氏所说的"士大夫之学"做出一个好榜样。因此,我们把曾、陈两氏的言论学术,对照比看,便会更觉有味了。

(二)

曾氏在当时,亦曾极力提倡一种新的读书风气,散见于其有名的《家书》《家训》《日记》及《文集》中。照理,曾氏的《家训》之类,谁都应当涉猎过,用不着在此特地再介绍。下面也只偶举几点,为近来有志提倡读书运动的人作参考。

曾氏自己说:

> 仆早不自立,自庚子以来,稍事学问。(《致刘孟蓉书》)

原来曾氏在道光十八年戊戌,会试中式,即以是年成进士。及道光二十年庚子,散馆授检讨。那时曾氏年已三十,而他实在是从那时起才开始走上讲学的路径。这时距今亦恰九十多年。他有名的家书,亦从庚子开始。然今刻《家书》里所收,则只有庚子二月初到京后的一函。在他家书里正式开始讨论到读书和做学问的,还要到道光二十二年壬寅的秋天。

那时曾氏的读书课程是:

近百年来诸儒论读书

　　　　刚日读经，柔日读史。

他自己说：

　　　　读经常懒散不沉着，读《后汉书》已丹笔点过八本，虽全不记忆，而较之去年读《前汉书》，领会较深。

当时的曾氏，已是清廷翰林院的检讨，国史的协修，在三十一二岁的年龄，才开始点读前后两《汉书》。他说"早不自立"，实非过自谦抑。曾氏在早年，用功的只是八股时文。谁料到中年是一个得意的阔官了，却再发愤读书，而将来也竟有如许成就。这一点，使我们感到读书运动的对象，不该老是一辈大中小学校里的青年和儿童，或是推车卖浆不识字的贫民；而社会上的中年人物，比较站在领导地位的搢绅士大夫，尤其应该是我们读书运动的第一对象呀！至少他们都应该"稍事学问"，庶乎希望可再有曾氏般的人物出现。否则青年们纵是努力读书，若将来涉足社会，便可不学无术，另以一种捷径高翔，那岂不是任何学术全成了八股？此其一。

　　曾氏自成进士，入翰林，以后官位日高，由侍讲侍读擢升内阁学士，历任礼、兵、工、刑、吏各部侍郎，又做过好几次主考阅卷大臣。自道光二十年到咸丰二年放江西正主考官，以丁艰回籍，前后十三年。虽处境较优，而"应酬之繁，日不暇给"（道光二十四年三月《家书》）一类的话，在他家书里，屡次见到。可见他在当时，已并不能摆弃一切，专意读书。此后则从事兵戎，生活一变，更不是读书的环境。然他从咸丰二年创办乡团，直到同治三年攻破南京，前后又恰是十三年。在这宦海纷纭，乃至戎马倥偬的二十多年时间里，曾氏却建立了他学业上卓绝的成就。这一点，又使我们感觉到，读书并不定要一种特殊的环境，乃及一种特殊的生活，而实为社会一般人大家所能从事的。至于达官阔人，政军大僚，以及社会上各色各行的领导人物，他们已然负担着国家社会更大的重任，那么他们更该"稍事学问"，奉曾氏为模范。此其二。

（三）

至论曾氏学问、事业，何以能互相辉映，而各有其卓绝的成就，一面固是由于其意志之坚毅，生活之严整；而另一面，则在其眼光之远大，与方法之切实。此则关于为学择术之点，我们尤当注意。曾氏本是一个做时文八股的举子，一旦入京华，走进读书讲学的世界，其初颇得益于朋友交游之启示。他道光二十二年的家书上说：

> 吴竹如近日往来甚密，来则作竟日谈，所言皆身心国家大道理。

又说：

> 子序(吴嘉宾)之为人,予至今不能定其品,然识见最大且精。尝教我云:"用功譬若掘井,与其多掘数井而皆不及泉,何若老守一井,力求及泉,而用之不竭乎!"

这是曾氏最先讨论到学问的第一封家书。他所述两位朋友的言论,已大体规定了曾氏将来学问成就之规模。若不是"老守一井"从"约而专"上用功,则博雅考订,乾嘉以来的《四库》翰苑之学,实与曾氏将来的事业生活不相容。若老守一井,而注意不在"身心国家大道理"上,则不贤识小,瞍闻浅见,不仅对其将来事业无所裨补,而他的学问地位亦决不能高卓。所以如用"约"的工夫,便须先从"大"处着眼,这是相互为用的两面。

曾氏用"约"字诀读书,屡见其《家书》《家训》中。如云:

> 穷经必专一经,不可泛骛。读经以研寻义理为本,考据名物为末。读经有一"耐"字诀,一句不通,不看下句。今日不通,明日再读。今年不精,明年再读。此所谓耐也。读史之法,莫妙于设身处地。每看一处,如我便为当时之人,酬酢笑语于其间。不必人人皆能记也,但记一人,则恍如接其人。不必事事皆能记也,但记一事,则恍如亲其事。经则穷理,史以考事,舍此二者,更别无学矣。(道光二十三年正月《家书》)

又说：

> 经则专守一经，史则专熟一代，读经史则专主义理，此皆守约之道，确乎不可易。若经史之外，诸子百家，汗牛充栋，或欲阅之，但当读一人之专集，不当东翻西阅。如读《昌黎集》，则目之所见，耳之所闻，无非昌黎，以为天地间，除《昌黎集》而外，更别无书也。此一集未读完，断断不换他集，亦"专"字诀也。读经读史读专集，讲义理之学，此有志者万不可易者也。圣人复起，必从吾言矣。（同上）

他又说：

> 读背诵之书不必多，十叶可耳。看涉猎之书不必多，亦十叶可耳。但一部未完，不可换他部，此万万不易之道。阿兄数千里外教尔，仅此一语。（道光二十四年三月）

那时曾氏对于"守约"的读书法，已有十分坚确的自信。他的此项见解，至老不变，实与当时博雅考订之学，绝然异趋。他以后教人"耐"字诀、"恒"字诀、"拙"字诀、"诚"字诀，以及"扎硬寨，打死仗"的口号，凡曾氏功业上的成就，和其从事学问的精神，处处呼吸相通，沆瀣一气。

(四)

读书既主守约，则选择不可不审。所以他说：

> 买书不可不多，而看书不可不知所择。韩退之为千古大儒，而自述所服膺之书不过数种。柳子厚自述所读书，亦不甚多。本朝善读书者，余最好高邮王氏父子。《读书杂志》中所考订之书，凡十六种。《经义述闻》中所考订之书，凡十二种。王氏父子之博，古今所罕，然亦不满三十种。余于四书、五经外，最好《史记》、《汉书》、《庄子》、韩文四种，好之十余年，惜不能熟读精考。又好《通鉴》《文选》及姚惜抱所选之《古文辞类纂》，余所选《十八家诗钞》四种，共不过十余种。（咸丰九年四月。其他曾氏所述书目散见者尚多，然大体相类似。）

读书能选择，实为守约之第一要义。而选择的标准，应该"先务乎其大"。最可代表这种精神的是曾氏的《圣哲画像记》。他说：

> 书籍之浩浩，著述者之众，若江海然，非一人之腹所能尽饮也，要在慎择焉而已。
>
> 姚姬传氏言学问之途有三：曰义理、曰词章、曰考据。戴东原氏亦以为言。如文王、周公、孔、孟之圣，左、庄、班、马之才，诚不可以一方体论矣。至若葛（诸葛亮）、陆（贽）、

范（仲淹）、马（司马光），在圣门则以德行而兼政事也。周、程、朱、张，在圣门则德行之科也。皆义理也。韩、柳、欧、曾、李、杜、苏、黄，在圣门则言语之科也，所谓词章者也。许、郑、杜（佑）、马（端临）、顾（炎武）、秦（蕙田）、姚（鼐）、王（念孙、引之父子），在圣门则文学之科也。顾、秦于杜、马为近，姚、王于许、郑为近。皆考据也。此三十二子者，师其一人，读其一书，终身用之有不能尽。若又有陋于此，而求益于外，譬若掘井九仞而不及泉，则以一井为隘，而必广掘数十百井，身老力疲而卒无见泉之一日，其庸有当乎？

大凡有意指导人读书，终不免要做一番开书目的工夫。清代乾嘉学全盛时期的代表书目，便是江藩《国朝经师经义目录》，以及接踵而起的《皇清经解正续编》。这一类繁琐的考证学，除非特殊环境以内的特殊人物，无法接近，亦无法研究。陈澧已识其锢蔽而思有以变之，然陈澧劝人读注疏，仍不脱经师经义范围。曾氏则不然，正因他早年没有受锢蔽，故能彻底摆脱当时传统考据学之束缚。此所以陈氏仍还是"博士"之学，而曾氏始得谓真是"士大夫"之学。而曾氏却又能相当的采取考据学之长处。其《家书》中多有不取考据的言论，而《家训》中则主采考据训诂之长，此是曾氏学问与日俱进之一证。又曾氏论考据渊源，分杜马、许郑为两派，以顾秦接杜马，以二王接许郑，将考据学范围放大，更是一种绝大见识，为乾嘉诸儒所未逮。

（五）

当知乾嘉学之锢蔽，正为把考据范围看狭了，专侧重在许、郑一边。于是他们的学术路径，便不期然而然的趋向到校勘、训诂方面去。极其所至，二王遂成为此一方面成绩之最高表现。现在曾氏把考据范围放宽了，又特为辟出杜、马一路直到顾炎武与秦蕙田，那便在经学之外扩开了史学，于校勘、训诂之外，辟出了典章、制度。至少这样一来，更与陈澧所举"于世有用"的一目标上，更易接近了。而陈澧《东塾读书记》的价值，所以不免稍逊于顾炎武之《日知录》者，其主要关键亦在此。所以曾氏在考据学路上特提杜、马两人，实在是深具意义的。

曾氏曾从唐镜海闻义理，又私淑于姚姬传学古文法，而曾氏之言义理文章，其识解意境，也均超出于唐、姚二人之上。曾氏与唐、姚之异点，也正在唐、姚空疏，而曾则博大。此等处，均见曾氏学问实有所精深自得，实有另辟户牖、别开途径之气魄与抱负。

孙鼎丞《刍论》，追溯洪、杨乱源，深归咎于汉学家言。而曾氏为之作序，谓孙讥之已甚。此犹汉学家讥评阳明提倡良知学，酿成晚明之祸。如此刻深立论，其流弊终不免同陷于党仇讼争。而曾氏对乾嘉汉学，其立论似转较陈澧为持平，此尤不可及也。曾氏序文，作于咸丰九年己未，时曾氏尚在军中。可见曾氏为学，实能抉破乾嘉以来义理、考据、词章三派之藩篱，而求能从大处着眼，俾可兼得三者之精华。他的《圣哲画像记》，平心论之，不能不说他的识解气魄，与其指示学术途径，确已越出江藩、陈澧之上。就现在平心立论，也必如曾氏为学，乃庶可有当于陈澧之所谓士大夫之学。亦必如此，乃庶可谓是士大夫略观大义之学也。略观大义，并非忽略粗疏之略。所谓大义，亦非陆象山所谓"着意精微转陆沉"之义理。此层学者贵细辨。

现在让我们回头来看最近的学术界。似乎领导学术者，其存心多只看重了博士之学，而不看重士大夫之学。因为有此趋向，所以我们当前的学术空气，渐渐和一般社会分离，而形成为一种特殊环境里的一种特殊生活。一个有志读书的青年，他们的最要条件，便是盼望能走进像样的大学，浩博的图书馆，完备的研究所。而论其学问之所成就，则只是一种近乎博士论文式的著作。我们并不说学术界不该如此，却不能认为学术界只该如此。若我们放大眼光，为一般社会着想，便见学问并不全是关门而做的事。有一种是专门博士之学，为少数人所专攻；另有一种则是普通的士大夫之学，为社会多数智识分子所应领解。曾氏《圣哲画像记》所论，若以专家博士学的眼光来评量，有人不免将目其为浅陋。但若注意到社会上一般人物之陶冶与进修，则曾氏的见解，实在是极可取法了。

（六）

惟专就曾氏个人论，曾氏亦并不仅是一个具有开明常识的读书人，曾氏实还是一个有学术上特殊地位特殊贡献的学者。自然，我们该先具第一条件，再希第二条件。曾氏对学术上的特殊地位，即是他的诗古文之学。曾氏对此，亦屡屡自己说过。他说：

> 惟古文各体诗，自觉有进境。将来此事当有成，惟恨当世无韩愈、王安石一流人与我相质证耳。（道光二十三年正月《家书》）

此乃曾氏开始自觉地寻到他学问的前程，那时他已是三十四岁的年龄了。他那时自定一个每日熟读的书目是：

> 《易经》、《诗经》、《史记》、《明史》、《屈子》、《庄子》、杜诗、韩文。

这一书目，亦即就他自感最有希望的诗、古文的前程上来选定。曾氏自说：

> 国藩粗解文章，由姚先生（鼐）启之。（《圣哲画像记》）

然曾氏对诗、古文的见解，其精深博大处，实非姚氏所及。

曾氏对于指导研究文学上最可宝贵的意见，即在劝人读专集，而不要读选本。他说：

> 吾意读总集不如读专集。……学诗须先看一家集，不要东翻西阅。(道光二十三年六月《家书》)

又说：

> 学诗无别法，但须看一家之专集，不可读选本，以汩没性灵。(道光二十五年三月《家书》)

曾氏从不要汩没性灵的见解上，来劝人勿读选本，这真是研究文学一种极可珍视的意见。

曾氏又主诗文以声调为本之说，此层则源自姚鼐。曾氏、姚氏皆主以声调探取性灵，从此使读者精神与作者精神相诉合。此乃从文学上的探求来接触古圣贤的心情，使读者与作者呼吸相应，不啻同堂而观面。此一境界，与当时博雅派所主从训诂考订上来认识圣贤真理者，其实也是各得一边，双方未见有十分的高下。所以桐城派古文家在乾嘉朴学极盛时代，终还有其相当的位置。

曾氏研攻诗文，最爱韩愈、王安石，盖取其雄直之性趣，倔强之格调，与己相近也。曾氏说：

近百年来诸儒论读书

> 读《原毁》《伯夷颂》《获麟解》《龙》《杂说》诸首,岸然想见古人独立千古,确乎不拔之象。(《求阙斋日记类钞》壬戌)

又云:

> 阅陶诗全部,取其大闲适者记出,将钞一册,合之杜、韦、白、苏、陆五家之闲适诗,纂成一集,以备朝夕讽诵,洗涤名利争胜之心。(辛未)

盖雄直倔强,曾氏性格之所长;恬憺闲适,曾氏性格之所短。曾氏研攻诗文,着眼在此两点上,切就己身,释回增美。纵使不以诗文名家,而此种研习方法,对于自己性灵修养上,也会有绝大益处。此仍是士大夫之学所以与博士学不同所在。

(七)

然若专重性灵,则往往易陷于空虚,而曾氏则并无此弊。曾氏尝谓"雄奇万变,纳之于薄物小篇之中"(《圣哲画像记》),此可谓是曾氏论诗文所悬一大标的。至其对于学术大体之见解,归纳于以文学为全部学问之中心之一点,则见于其《致刘孟蓉书》。故曾氏既选定了一部《十八家诗钞》,主从专集求性灵,又选了一部《经史百家杂钞》,则义理、考据、辞章,兼收并蓄，一以贯之。曾氏认为此三者，莫非为文之所有事。今天的我们，必须参会曾氏此两选本，细细研寻，庶可得曾氏论诗文学之整部见解。如近人专拿"文以载道"一语来轻蔑桐城、湘乡派古文，此亦只见为是近人之浅见而已。

然曾氏学术，论其对自己个人人格及事业上之影响，可说甚深甚大。而就其在近百年来学术界上之影响言，则究竟还嫌不够。这又是何故呢？我想：

一则曾氏从事学问，已在中年，又久历兵戎，日不暇给，实嫌其在学术上未能自竭其能事。

二则曾氏幕府宾僚，相从于戎马之间者，究以功名事业之士为多，未能深细接受曾氏论学之渊旨。

三则曾氏论学，除对诗古文辞有独特卓见外，究竟也还是切实处多，高明处少。其《家书》《家训》，谆谆然恰是一个贤父兄之教训其家人子弟，而究异乎一代大师之暮鼓晨钟，发扬大道。这是曾氏为学根本缺点。

故论曾氏学问上的成就，到底只在文学一途多些。论义理，则仅较唐镜海诸人差强。论考据，则曾氏虽见及有杜、马、顾、秦这一路，而他自己在此一条路上，全未能建立起规模来。因此曾氏幕僚中的学者，也只有吴挚甫、张廉卿一辈文士，稍有成就。曾氏以后人，崇仰曾氏者，以道德、文章、经济俱之一点，把曾氏与阳明并论。实则曾氏在当时政治上的影响，远较阳明为大。而论学术思想，则视阳明望尘莫及。近百年来第一个伟大人物像曾氏，论其在读书运动的成绩上，因此竟亦暗惨地没落了,这不能不说是我们这时代一个极大的损失。

三 张之洞

(一)

述说近百年来诸儒之读书论,陈澧、曾国藩以下,便不得不提到张之洞。张之洞,严格说,算不得是一个合标准的学者,但他的《书目答问》和《劝学篇》,确是代表了当时学术界一种风气和倾向。《书目答问》虽有人说是他倩人代作,然我们在这里,不妨仍用他名字来叙述。

《书目答问》算不得是一部指导人做学问的门径书,只好算是一部便于翻检的参考书。一部指导人做学问的门径书,至少该备具下列几条件:

一、在于他所想要指导人做的学问里面,摆出一个体系,而显示其相互间之缓急轻重先后。

二、指出做此项学问的几部人人必读的基本书,使学者有处下手。

三、提示该项学问之极高境界,使做此项学问的人有一个努力追求的目标。

读曾氏的《家书》《家训》,虽似简陋,然循此做去,却可成就一种学问,因为曾书备具上列的条件,而《书目答问》则否。他里面整整齐齐排列着经、史、子、集、丛书五大类,每一类中又各分子目，至于三四十项，一些也不漏。似乎全部的学问其实只是书本，都平铺放在一堆，教人茫如烟海，望洋向若，问津无从。《书目答问》中所举书共二千余种。若论卷数，则应在十万卷上下。分类言之，经、子两部，都在一万卷以上，集部几及两万卷，史部则出两万卷之外。这样巨大的书目，只好算是一种簿录，绝不能作为指导人读书的门径。然而《答问》开首的《略例》明说：

> 此编为告语生童而设。
>
> 诸生好学者来问应读何书……因录此以告初学。
>
> 读书不知要领，劳而无功。……今为分别条流，慎择约举……令其门径秩然，缓急易见。……
>
> 总期令初学者易买易读，不致迷惘眩惑而已。
>
> 兹乃随手记录，欲使初学便于翻检。
>
> 所举二千余部，疑于浩繁，然分类以求，亦尚易尽，较之泛滥无归者则为少矣。
>
> 诸生当知其约，勿骇其多。

可见他明明要做一部指导初学的简约的门径书，而所开书目竟如此浩繁。这只好说是编《答问》的人，自己就不知学问；或是他自己对学问上，便就不知甘苦，不知深浅，并未真实如此般去下工夫。所以罗举了二千余部书目，却叫初学的人"当知其约，勿骇其多"。其实《答问》中所告诉我们的，只是一些版本、目录之学,可说是为一般校勘家、收藏家初步应有的常识。而版本目录校勘收藏,还只是给做某种学问的人以一种方便,并不算是一个门径。若是其人先对某一种学问稍知门径了,再来翻看《书目答问》,也未尝无助益。若其人对各项学问,尚属全无门径,而想从《书目答问》中去寻找,则他所寻到的,自然是一种版本学、目录学的门径,或是校勘、收藏家的门径罢了。因此《书目答问》的功效,不啻像在教人去做一种版本目录的学问,或是做一种校勘收藏的工夫。而在指示人真实做学问的一点上,则可说并无贡献。这无异乎告诉我们,在那时提倡读书的人,他实在也只能提倡一种目录版本之学,他只能领人走上收藏或校勘的路子。最多亦不过造成一种博杂无统、泛滥无归的学风而已。

(二)

或者有人要为《答问》辩护,说此书《略例》本云:

> 弇陋者当思扩其见闻,泛滥者当知举其流别。

本来教人读书,当视其性之所近,分类以求;《答问》备列群书,也并不是教人去做博杂无统,泛滥无归的学问。此说似而实非。学有流别,学者当就性近,此二义发于章实斋。章实斋的《文史通义》,本是对于他当时经学考据独霸权威的风气下之一种抗议。其《校雠通义》一书,所谓"平章学术,考镜源流",亦是对当时《四库》馆臣一种进一步的献议。然当时《四库》馆臣所编《总目提要》,虽不能上追刘、班,下媲夹漈,做到章氏所论平章学术、考镜源流之能事,终还有他的提纲挈领、溯源竟委处。以《书目答问》较之《四库提要》,则所出尚远在其下。读《提要》,多少可以知道些古今学术的流变得失;读《答问》,便只能知道一些现行版本的异同、精恶。所以《答问》一书,最多是一部便于翻检的目录,不能从他书里来懂得学问的流别。

或者又说:《答问》所录,其原书为修《四库》时所未有者,十之三四。《四库》有其书,而校本、注本晚出者亦十之七八。(见《略例》)精注精校,是清代二百四十年学人工力所萃。《答问》为书,在这点上,至少透露着清代的学术精神。若纯从清学作观点,此书不能不说是一个门径。此说亦似而实非。即论清代,顺、康、雍早年,与乾、嘉全异。不仅明末遗老如黄、顾诸大儒,那种生动博大的精神,在《答问》里全看不出。即乾、嘉考证学全盛时代之森严壁垒,亦复在《答问》里昧失了。从清初到乾、嘉,我们还可说学术重心之转移。从乾、嘉到晚清,则实是学术重心之消失。《答问》为书,则正是乾、嘉考证学堕落到消失重心以后的出品。因此这一部书目,纵然收罗着不少乾、嘉以下的精校注本,而实际已是游魂失魄,没头脑、没纲领,极其能事,亦止于是目录校勘而已。若定要找寻代表清代汉学家的一部门径书,则毋宁还是江郑堂(藩)

所著的《汉学师承记》和那篇《国朝经师经义目录》，来得更好些。

（三）

张氏原书《书目》五卷后，亦附一个《国朝著述诸家姓名略》。他说：

> 读书欲知门径，必须有师。师不易得，莫如即以国朝著述诸名家为师。……知国朝人学术之流别，便知历代学术之流别。胸有绳尺，自不为野言谬说所误。

其《姓名略》又分经学、史学、理学、经学史学兼理学、小学、文选学、算学、校勘学、金石学、古文家、骈体文家、诗家、词家、经济家十四门。他说：

> 由小学入经学者，其经学可信。由经学入史学者，其史学可信。由经学史学入理学者，其理学可信。以经学史学兼词章者，其词章有用。以经学史学兼经济者，其经济成就远大。

这里好像著《答问》的人，亦想把清代学术来笼罩古今，而以小学为清代学术的最先根基；他指示学术大体，亦自有系统，自有涂辙，不能说他仅是一堆的书目。然而亦不尽然。

若论学术大体，则张氏所分十四门，可谓不伦不类。若论为学层次，则"由小学入经学"一语，可说是开口便错了。若谓清代大师治经，多通小学，此诚有之。若谓必由小学入经学，则不仅清初如顾炎武、张尔岐（此依《姓名略》所举）一辈并不然，即稍后胡渭以至惠栋诸人亦不然。甚至王念孙、王引之、段玉裁诸人，谓其专精小学则可，若谓其是由小学入经学，亦不免看错了他们。《姓名略》所举"汉学专门经学家"凡一百五十一人，试问这里面几个是真由小学入？又"汉宋兼采经学家"五十人，如黄宗羲、宗炎以下，试问他们是否亦由小学入？若不自小学入，是否可说其经学便不可信？

至谓"经学入史学者，其史学可信"，则更属影响之谈。如章学诚，不能不说其史学可信，但却不能说他由经学入。如崔述，可说由经学入史学，《答问》所列史学家中无其名，而归入汉宋兼采的经学家中。根据《姓名略》两百零一个人的名单来研究经学，不免要使人迷惘眩惑。若根据《姓名略》史学家九十个人的名单来研究史学，便会更得不到史学上的一些纲领把握的。在此九十人中，大部可说是经学考据之旁门，须严加洗汰，始可呈现出史学规模。一面还须添入，如王船山、秦蕙田、崔述诸人入经学，潘次耕、严可均诸人入小学，刘献廷、戴名世诸人则各门皆无。

至于理学、词章、经济，照他排列，尚在小学、经、史三累之下，那就更可不论了。而《答问》又说：

> 士人博极群书而无用于世,读书何为?故以经济一
> 家终。

不知清初诸老多讲经济,却尚不甚重小学;逮及乾、嘉考证学全盛时,方力尊小学,却又不重经济。道、咸以下,渐渐又重经济,而小学却又渐渐为人淡视。今《答问》不辨此中消息,其教人治学,似乎该由小学始,由经济终。在他似乎既不知道小学的甘苦,又不知道经济的艰巨。对于清初及乾、嘉两段的学术界,既属顾此失彼;即在晚清一派经世致用的新思潮下,亦可谓是不分轻重。徒然捃撷了一些装点门面话头,而精神则全不在此,明眼人自能识破。所以我说《书目答问》只可供稍知学问门径的人作参考翻检之用,而并不能指导初学走上学问的门径。

而不幸六十年来的学术界,却多把此书当作教人治学的门径书看。湘潭叶德辉说:

> 其书损益刘、班,自成著作。书成以来,翻印重雕不下数十余次。承学之士,视为津筏,几于家置一编。

则六十年来的学术界,(按:《答问》刊于光绪元年)宜可不言而喻矣。

张氏尚有《輏轩语》,与《答问》同时并刊,然其书益庸肤,偶作门面套语,全是模糊影响,无足深论。本来清代学术,到同、

光以下，已是势在必变，然以陈兰甫、曾涤生两人的气魄力量，尚不能负之以趋。张之洞则只是一名士，一显宦。相传缪荃孙为其代撰《答问》一书，不知信否？要之其人亦只是一名士。由他们来指导人学术门径和读书方法，其成绩宜乎难得使人满意了。然而依今而论，则官僚如张，名士如缪，亦已不可多得。学术一差，人才自退，即此便是一好例。

（四）

张氏又有《劝学篇》，在《书目答问》后二十四年，其意识态度乃与《答问》大变。他说：

> 先博后约，孔孟之教所同，而处今日之世变，则当以孟子守约施博之说通之。……孔孟之时，经籍无多，人执一业……官习一事……其博易言。今日四部之书，汗牛充栋，老死不能遍观而尽识。即以经论，古言古义，隐奥难明，讹舛莫定。后师群儒之说解，纷纭百出，大率有确解定论者，不过什五。沧海横流，外侮洊至，不讲新学则势不行，兼讲旧学则力不给。再历数年，苦其难而不知其益，则儒益为人所贱。圣教儒者，浸微浸灭，虽无嬴秦坑焚之祸，亦必有梁元文武道尽之忧。此可为大惧者已。……今欲存中学，必自守约始，守约必自破除门面始。爰举中学各门求约之法，条列终后。损之又损，义主救世，以致用当务为贵，不以殚见洽闻为贤。（《内篇·守约》第八）

这几句话,和《答问·略例》所谓"所举二千部,分类以求,亦尚易尽,诸生知其约,勿骇其多"云云,竟如天壤悬隔了。平心而论,不能不说这是张氏的觉悟和进步。这是在此二十四年中大势推迁,逼得他不得不如此想,如此说;逼得他不得不破除门面,再不敢以"弇见洽闻为贤",再不敢教人以"博杂浩瀚为学"。因此,《书目答问》还是保存着乾、嘉相传之门面,而《劝学篇》乃透露了同、光以下的时世。由博反约,正是近百年来诸儒论读书一个共同倾向,共同要求。陈兰甫、曾涤生皆有此意。张之洞虽乏深知灼见,然在此亦不能自外,正见这是时代的压力。

然而读书求博固难,求约更不易。求博只须"功力",求约则贵有"识趣"。乾、嘉以来学者,幸值社会安定,世运升平,一向务博,尽肯用功夫,但识趣却日卑日下。一旦要改走守约路子,请问又如何个约法?《劝学篇》说:

一、经学通大义。

《论》《孟》《学》《庸》以朱《注》为主,参以国朝经师之说。刘、焦《正义》,可资考鉴古说,惟义理仍以朱《注》为主。

《易》止读程《传》及孙星衍《周易集解》。

《书》止读孙星衍《尚书今古文注疏》。

《诗》止读陈奂《毛诗传疏》。

《春秋左传》止读顾栋高《春秋大事表》。

《春秋公羊传》止读孔广森《公羊通义》。

《春秋穀梁传》止读钟文烝《穀梁补注》。

《仪礼》止读胡培翚《仪礼正义》。

《周礼》止读孙诒让《周礼正义》。

《礼记》止读朱彬《礼记训纂》。

《孝经》即读通行注本,不必考辨。

《尔雅》止读郝懿行《尔雅义疏》。

《五经总义》止读陈澧《东塾读书记》,王引之《经义述闻》。

《说文》止读王筠《说文句读》。

张氏说:

以上所举诸书,卷帙已不为少,全读全解,亦须五年。故主张就原本择要钩乙标识,但看定论,引征辨驳不必措意。又欲节录纂集以成一书,皆采旧说,而不必章释句解,期以一年或一年半毕之。

张氏又说:

总之必先尽破经生著述之门面……然已非村塾学究科举时流之所能矣。

近百年来诸儒论读书

以上是张氏对读经的守约论。我所以在此不惮详举者,一则自新文化运动以来,一时蜂起的"学生国学必读书目",以及各种"学生国学丛书"之类的编行,其实仍只是同一个时代需要下的产物,在张之洞时已然提及。二则最近又有一种新兴的读经运动,却只听见人提倡读经,没看见人指导人如何读法。似乎只要是读经便得,更不感有问题。此其对于经学上的常识了解,又比张氏当时倒退得多了。现在重新提出张氏的《劝学篇》,正可使我们当前的新旧两派,都用来作一个参考。

二、史学考治乱典制。

史学切用大端有二:一事实,一典制。事实求之《通鉴》。《通鉴》之学,约之读《纪事本末》。典制求之正史、二《通》。正史之学,约之以读志,及列传中奏议。二《通》之学,《通典》《通考》,约之以节本。《通考》取十之三,《通典》取十之一。考史之书,约之以赵翼《廿二史劄记》。史评约之以读《御批通鉴辑览》。凡此皆为通今致用之史学,若考古之史学,不在此例。

此为张氏对于史学之守约论。

三、诸子知取舍。

四、理学看《学案》。(黄梨洲《明儒学案》,全谢山《宋元学案》，以提要钩玄法取其什之二。)

五、词章读有实事者。

六、政治书读近今者。(百年以内政事，五十年以内奏议。)

七、地理考今日有用者。(形势、水道、物产、都会、交通、险要、海产边防、通商口岸。)若《汉志》之证古，《水经注》之博文，姑俟暇日。

八、算学各随所习之事学之。天文、地图、化力光电，一切格致制造，莫不有算。

九、小学但通大旨大例。

此为张氏对于各项学问之守约论。平心论之，其间实自有几许通明的见解。如经学先四书，四书专主朱《注》。史学主通今致用，不取考古。理学重新加入到学问的圈子内。小学退居到最后。这几点，只须稍治清代学术史的，便可知其意态之开明与识解的重要了。

(五)

然而张氏还深恐那种守约的方案，不能见效。他说：

> 如资性平弱，并此亦畏难者，则先读《近思录》《东塾读书记》《御批通鉴辑览》《文献通考详节》。果能熟此四书，于中学亦有主宰矣。

近百年来诸儒论读书

让我们回头再看他二十四年前的《书目答问》，千百种精校精注本，分门别类，俨如七宝楼台，何等庄严！待到《劝学篇》里，语气竟如此萧索，一再的打折扣，只希望人能读《近思录》《东塾读书记》《通鉴辑览》《通考详节》。偌大的学术门面，到底破坏无遗了。这不能叫作"守约"，只能算是"居陋"。譬如一个大商店，愈是削盘大落价，过客愈是怀疑，不愿光顾，结果只有关门大吉。张之洞的《劝学篇》，似乎是那商店大减价的广告，便是将近歇业之预兆。

从光绪元年到光绪二十四年，中国学术界一般情形之恶化，及其急转直下之势，正可于张氏的先后两书中看出。《答问》刊于四川，《劝学篇》刊于江苏，这里也有一些地域的关系。四川僻在长江上游，还能使当时人发其怀古之幽情。江苏接近海洋，门户洞开，风气鼓荡，便最先摇动。因此张之洞在晚清学术史上，虽说没有他的地位，然而他究已粉墨登场，由他来表演出当时一幕很重要的剧情了。

四 康有为

(一)

近百年来的读书运动，上面虽述说了陈、曾、张三人，然陈澧所说，只是一个学者偶感而发的不公开的私议，曾国藩则是一个贤父兄对他家庭子弟的《家训》，张之洞则是一个阔官僚，装门面，对下属的教诫。若俨然以圣贤大师自命，对于当时传统的读书风气,加以鲜明反对,而严正地出来提倡一种新的读书风气的人,则此一百年内,不得不首先要轮到康有为。

康氏生于清咸丰八年戊午,距今不到八十年。他正式起来做一种严肃的新读书运动,厥为其三十四岁在广州长兴里万木草堂之讲学。时为清光绪十七年辛卯,距今四十五年,还不到五十年。近代的新读书运动,严格说来,并不是百年以内的事,而只是五十年内的事。

(二)

记载康氏万木草堂讲学详情的,有康氏自著的《长兴学记》,及其弟子梁启超的《南海康先生传》。《长兴学记》是主持讲学者当时手定的一种学规,《康先生传》则为当时从学者事后追忆的一种讲学精神之描写。梁氏说:

> 先生以为欲任天下之事,开中国之新世界,莫亟于教育,乃归,讲学于里城。

又说:

> 其时张之洞实督两粤,先生劝以开局译日本书,辑《万国文献通考》,张氏不能用;乃尽出其所学,教授弟子。

张之洞刊布《书目答问》，在此前十七年，其为《劝学篇》，则尚在此后七年。大概当时的张之洞，在他心中，还只知道一大批国朝诸先生的精校精刊书目录，对康氏意见，自然不易接受。至康氏讲学精神，梁氏说他：

> 以孔学、佛学、宋学为体，以史学、西学为用。其教旨专在激厉气节，发扬精神，广求智慧。

这竟依稀是回复到晚明诸遗老之矩矱。乾、嘉以来学者，可说无一人知有此境界。尤可异者，在他所想象的学术体统里，竟无"经学"一门，因之校勘、训诂、辑佚种种乾、嘉以来正统相传认为了不起的治学工夫，充分表现在张之洞《书目答问》里的，一到康氏所提倡的新学统里，可说已全无地位。即陈澧主张看一部注疏的见解，似乎在康氏学统里看来，亦可谓无甚意味了。另一点值得注意者，康氏的新学统里，也没有了文学一门，以此较之曾国藩的《家书》《家训》所指示的路径面貌，又自绝然不同。陈澧只想就乾、嘉经学上略略作补偏救弊的工夫，因此他主张汉、宋兼采。曾国藩则只就桐城派古文家的见解稍事扩大，而容纳了些经学上训诂考据的长处。平心而论，康氏所提倡的新学，比之陈、曾两人该是高明得多了。至如张之洞，无别择，无旨趣，仅仅是开一个目录，说一些门面话，究竟谈不到所谓学术与门径。

至康氏以宋、明学与孔学并重，这已为乾、嘉学者所不肯言；而其以佛学与孔学并重，则又为宋、明学者所不敢言。至云"以孔学、宋学为体，以史学、西学为用"，其意似以自然科学、社会科学与哲学对立，亦较近人只认有科学不认有哲学者稍胜一筹。亦比"中学为体，西学为用"之说较少毛病。至其教旨，提出"激厉气节""发扬精神""广求智慧"三项，尤其恰中了清代两百多年统治下所成的士大夫意态风气之痼疾。即以最近二三十年的大学教育言，能做到广求智慧一项，已远不易。不仅讲文史的只是纸篇字面之学，脱不掉乾、嘉以来训诂、考据、记诵之积习；即治科学的，亦还不免如此。在讲堂上稗贩，岂不仍等如在纸篇上搬弄。至于"激厉气节""发扬精神"，此两项，在主政者固无此意提倡，即掌教者亦少见及其重要。我深感梁氏所记康氏当日万木草堂一段讲学精神，却实有再受我们今日注意之价值。

因为康氏所欲提倡之新学术，与陈、曾、张诸人不同，可以说前一种是"经籍书本"之学，而后一种乃是"人文知行"之学。故在陈、曾、张诸人，只须开一书目，学者可以闭门自求；而康氏则感觉需要恢复宋、明讲学的精神。他在《长兴学记》里提出此意见说：

> 孔子曰："学之不讲，是吾忧也。"陆子曰："学者一人抵当流俗不去。故曾子谓以文会友，以友辅仁。朋友讲习，磨励激发，不可废矣。"顾亭林鉴晚明讲学之弊，

> 乃曰："今日只当箸书，不当讲学。"于是后进沿流，以讲学为大戒。江藩谓"刘台拱言义理而不讲学，所以可取"，其悖谬如此。近世箸书，猎奇炫博，于人心世道，绝无所关。戴震死时乃曰："至此，平日所读之书皆不能记，方知义理之学可以养心。"段玉裁曰："今日气节坏，政事芜，皆由不讲学之过。"此与王衍之悔清谈无异。故国朝读书之博，风俗之坏，亭林为功之首，亦罪之魁也。

如此说来，在陈、曾、张诸人，似乎只要有一种读书运动已够，而在康氏则主张在读书运动之上，先要有一个讲学运动。读书只是讲学中所有之一事。讲学乃为读书一事所应先决的问题。宋、明学者太看重讲学了，流弊遂成只讲学而不读书。顾亭林则只从此点加以挽救，不谓经历清代统治两百年后，学者只知读书，不复知讲学，于是所读日趋于纸篇字面记诵考订，而与人文知行了无关。换言之，社会只有了经师，却不能有人师。因此学术界也只能有学问，却不再有人才。康氏以"读书之博，风俗之坏"八字来批评清代二百年学人利病，可说一些也不差。康氏要在读书之上先安一个"讲学"，即此一点，已可说是两百年来未有之卓识。

然而康氏长兴讲学迄今已四十五年，世局震荡，千变万化，康氏的意趣，终亦未为后人所了解。我们三十年来的大学教育，能重新走上读书路子，已算是极大努力了。到最近，又有人在发起"读经运动""书院制度复活"等等口号，这些都还算是在读书的路上打圈子，依然仍是清代乾、嘉的旧把戏，似乎还赶不上康氏长兴讲学的一段意气。

（三）

长兴学舍的课程，分别如下诸目：

> 志于道：
> 一曰格物。（扦格外物，勿以人欲害天理。）
> 二曰厉节。（提倡后汉、晚明之儒风。）
> 三曰辨惑。（近世声音训诂之学，小言破道，足收小学之益，不能冒大道之传。）
> 四曰慎独。（刘蕺山据为宗旨，以救王学末流。）

这里的第一项，即是要复立乾、嘉所推第一流学者戴震《孟子字义疏证》里所要打破的"天理""人欲"之辨。第三项则是要打破乾、嘉正统派所建立的声音训诂学在整个学术系统里的地位。第二、第四项，则可说是康氏讲学的新骨干。

> 据于德：
> 一曰主观出倪。
> 二曰养心不动。
> 三曰变化气质。
> 四曰检摄威仪。

依于仁：

一曰敦行孝弟。

二曰崇尚任恤。

三曰广宣教惠。

四曰同体饥溺。

游于艺：

一曰义理之学。（原于孔子，推于宋贤，今但推本于孔子。）

二曰经世之学。（令今可行，务通变宜民。）

三曰考据之学。（贤者识大，是在高识之士。）

四曰词章之学。

在这系统里，乾、嘉考据只占到第四项的第三目，而其间犹有大小之辨。乾、嘉考据学者能在大节目上下工夫的实在也并不多。

康氏说：

> 孔子之学，有义理，有经世。宋学本于《论语》，而《小戴》之《大学》《中庸》及《孟子》佐之，朱子为之嫡嗣，凡宋、明以来之学，皆其所统，多于义理。汉学则本于《春秋》之《公羊》《穀梁》，而《小戴》之《王制》及《荀子》辅之，而以董仲舒为《公羊》嫡嗣，凡汉学皆其所统，近于经世。义理即德行，经世即政事，言语、文学亦发明此二者。

> 孔子经世之学在于《春秋》，凡两汉四百年，政事学术皆法焉。非如近世言经学者，仅为士大夫口耳简毕之用，朝廷之施行，概乎不相闻也。
>
> 今与二三子通汉、宋之故，而一归于孔子，譬如导水自江河，则南北条皆可正。

这是康氏的学术史观。汉儒经世，宋儒义理，皆在孔门四科设教之系统下，而清代声音、训诂、考据之学不与焉。此是何等的大议论。

依照康氏之意，先要讲明了应做如何样的学问，才配说到须读何等样的书。康氏又说：

> 本原既举，则历朝经世之学，自二十四史外，《通鉴》著治乱之统，《通考》详沿革之故，及夫国朝掌故，外夷政俗，皆宜考焉。宋、明义理之学，自朱子书外，陆、王心学为别派，四朝《学案》为荟萃。至于诸子学术，异教学派，亦当审焉。博稽而通其变，务致诸用，以求仁为归。

此是长兴讲学教人读书的大体见解。

当时未满二十龄，亲受业于万木草堂的青年弟子梁启超说：

> 余以少年科第，且于时流所推重之训诂词章学颇有

所知，辄沾沾自喜。先生乃以大海潮音作狮子吼，取其所挟持之数百年无用旧学，更端驳诘，悉举而摧陷廓清之。自辰入见，及戌始退，冷水浇背，当头一棒。一旦尽失其故垒，惘惘然不知所从事。且惊且喜，且怨且艾，且疑且惧，竟夕不能寐。明日再谒，请为学方针，先生乃教以陆王心学而并及史学西学之梗概。自是决然舍去旧学，自退出学海堂，而间日请业南海之门。（梁以十七岁中举，时年十八。）

辛卯，余年十九，南海先生始讲学于广东城长兴里之万木草堂。……先生为讲中国数千年来学术源流，历史政治沿革得失，取万国以比例推断之。……日课则宋元、明儒《学案》，二十四史，《文献通考》等。（以上具见梁氏《三十自述》。）

虽说梁氏笔端常挟感情，然使熟治清代两百年学术史的人，一看了《长兴学记》的大概，自知梁氏此种记载，也未必是过分张皇了。

（四）

然而习俗移人，虽豪杰之士有不免。康氏在粤讲学凡三年，而最先第一年里，康氏已自陷落在经学考据的深阱中去了。他误听了川人廖平的一夕话，他误以为汉代经学有"今""古"文两种绝不同的东西，他遂把一切古文说归罪于王莽、刘歆之伪造。他以为后世流传之经学，全是莽、歆古文学说，全是"伪经"，只可说是王莽新朝的新学，不能称他为孔学。他要想在这上面入室操戈，摧陷廓清，把东汉以来迄于清代相传的经学大统，一笔全写在王莽、刘歆的帐上，然后他再提出一种新鲜的、地道的"新经学"出来，这即是南海康氏之学，而上托于董仲舒乃及《公羊春秋》。他要把考据工夫来推翻传统的考据。

然而考据之学亦岂易言！往往为一个字，一个音，可以费人思考，累人年月，积了若干年岁，或更换了若干人物的若干说法，而始得一定论。现在康氏要以玩耍大刀阔斧的办法来做闺房绣鸳鸯的考据工作，以他前后不满两年的时间，匆匆地写成乃至刻成《新学伪经考》，（康以庚寅春得廖说，于辛卯秋七月刊成《伪经考》。关于此事，我尚有详细考据，见《近三百年学术史》）拔赵帜，立汉帜，为中国两千年经学，独创新说。当时万木草堂青年弟子陈通甫、梁启超，都曾为他此书帮忙，然已心怀不满。这一书，简直是考据里的海派，野狐禅，不啻如清代初年毛西河之有意为《古文尚书》作《冤词》。他不知乾、嘉以来的考据学，均遵守一种极谨慎极严肃的态度，要解决偌大一个问题，不该如此般卤莽灭裂。

康氏一面自己存心菲薄考据工夫，一面却想在考据圈里翻新花样。心粗气浮，已失学者风度，同时亦因此引起了许多不必要的纠纷与麻烦。其时义乌朱一新长教广雅，首先对康说表示怀疑，屡贻书献难。康氏无法说服他，却于朱氏死后说其"请我打破后壁实言,言已大悟,其与人言及见之书札者,乃门面语"云云;此如方望溪为李恕谷作《墓志》,一样的诬其死友。其后《新学伪经考》为清廷下谕焚禁,康氏亦避游桂林,而有《桂学答问》。

(五)

《桂学答问》与《长兴学记》先后只隔四年,(辛卯至甲午)然而两书精神远异。他说:

> 天下之所宗师者,孔子也。凡为孔子之学者,皆当学经学。而经学之书汗牛充栋,有穷老涉学不得其门者,则经说乱之,伪文杂之。

如此说来,则孔学仍然是经学,而在经学上又要厘订杂说,辨别伪文,则岂不仍须走上考据、训诂的老路。康氏从此说到《公羊春秋》,董仲舒《繁露》,何休《注》,乃至于清儒陈立之《义疏》,刘逢禄之《释例》,凌曙之《礼疏》诸书,则是仍走上了乾、嘉考据学的船头了。而且照此路向,也还只是苏州惠氏学专讲家法师传之一派,还及不到徽州学与扬州学之博通。

康氏本以《论语》与《春秋》为孔学之两途,然自刘逢禄《论语述何》,下及戴望《论语注》,他们都想把《公羊》与《论语》打通,而结果已知此路不通了。现在康氏既专主《公羊》,则不得不抛弃《论语》,因而遂并抛弃了宋、明。本来康氏以《公羊》《穀梁》分归董仲舒、刘向两家,把来包括汉儒经世之学;现在则专取《公羊》,于是又不得不抛却《穀梁》乃至刘向。而康氏所谓汉学之经世,乃一变而为专讲"微言大义"。康氏此两种先后看法之不同,孰得孰失,是进是退,稍治儒学,即可以不烦言而辨。

总之,治孔学重《论语》,不失为是一条活路。若改重《春秋》,则是一条死路。此在宋儒早已看透,现在康氏仍舍活路而改走死路,还在《春秋》学中要专走《公羊》,则更是走进了牛角尖,更无出路,更无活意。人家说康氏攘窃了廖平的著作发明权而博得大名,我只说康氏上了廖平的大当而误入歧途,葬送了他长兴讲学的前程,这实在是一件极可惋惜的事。

康氏又说:

> 孔门后学有二大支,其一孟子,其一荀子。孟子为《公羊》正传,荀子为《穀梁》太祖,而群经多传自荀子,其功尤大。

这里又发现了冲突。孟子是否《公羊》正传?康氏已难自圆其说。今康氏既主专治《公羊》,则又何必再敷衍群经多传自荀卿之旧说。其实此等云云,本是乾、嘉早期经师之见解,若果要专取《公羊》家法,即无取乎此多传群经之荀子。

康氏又说:

> 孔学聚讼,不在心性而在礼制。《白虎通》为十四博士荟萃之说,字字如珠,与《繁露》可谓孔门真传秘本。赖有此以见孔学,当细读。

此等话,更为荒唐。完全是道、咸以后始有的不通见解,完全上的廖平的大当,歧之又歧,迷途不返;较之长兴讲学精神,相隔更远。

康氏又劝人读陈寿祺注《五经异义》,读《四库提要》经部目录,读魏源《诗古微》,阎若璩《古文尚书疏证》,胡渭《禹贡锥指》《易图明辨》,惠栋《易汉学》,江永《礼书纲目》,秦蕙田《五礼通考》,及一切今学经说,《大小戴礼》《尚书大传》《韩诗外传》,乃至《钦定御纂十经》《十三经注疏》《经学汇函》《通志堂经解》《皇清经解》《续经解》,皆涉猎择读之,而叹曰:

> 此真浩如烟海,若无本领,宜其穷老无所入也。

此外还须读清代各家的《说文》《尔雅》,以及《广韵》,唐《石经》,《七经纬书》,《玉函山房辑佚书》之类。我想当梁启超起初见康氏,自辰及戌,"取其所挟持之数百年无用旧学,更端驳诘,悉举而摧陷廓清之"者,大概也就是这些吧。而梁启超却说:

后又讲学于桂林,其宗旨方法,一如长兴。

这句话,我实在不敢信。至少长兴讲学时,康氏还像一个有意提倡讲学的思想家。而《桂学答问》,只是一个自矜博通的读书人。换言之,也可说长兴讲学时的康氏,还像是有意提倡"士大夫之学"的;待到《桂学答问》时,他仍自陷入了"博士之学"的圈套中去了。这一种变化,好在两书俱在,可留供我们细读细研。而康氏在此前后四年间,所以有偌大一变迁者,我想他到底奈何不下他自己的那一部《新学伪经考》,那部书始终在他肚子里作梗;这一层,至少是一个很大的原因。

《桂学答问》于经学外,照例还有史、子、集三部门的书目和读法。然那样分门别类,平铺的罗列着,言其意趣之警策,已远不如康氏自己的旧著《长兴学记》。言其项目之详备,则又远不如张之洞的《书目答问》。所以康氏也说:

> 书目博深,莫如钦定《四库提要》。精要且详,莫如《书目答问》。可常置怀袖熟记,学问自进。

又说:

> 右所条目为学者之初桄,良以《四库提要》及《书目答问》目录浩繁,穷乡僻远,家无藏书,限于闻见,濡染无从。或稍有见闻,而门径不得,望若云烟,向若

而叹,从此却步。故为导之先路。若大雅宏达,赡见洽闻,固无俟区区也。

《长兴学记》有其弟子陈千秋跋,谓:

> 康先生思圣道之衰,悯王制之阙,慨然发愤,思易天下。既绌之于国,故讲之于乡。

不谓四年后的《桂学答问》,只自居于为张之洞的《书目答问》导先路,做一种教人读书入门的入门书。在张氏的《劝学篇》以前,康氏先已代替他做了这一番工作。

(六)

"道假众缘,复须时熟。"(《高僧传》昙摩耶舍梦中语。)大概这一百年来,时代的力量始终凌压在人物的上面。我们也可以说是缘不凑,时不熟;但到底还是那些人物,种因无力,不够条件。在康氏早年,粗闻其乡前辈朱次琦之绪论,当时他对宋学本无深造,而志高趣博,对于考订琐琐,又所不耐。但那时一般的风尚,还是重在博雅考订,所以张之洞从《书目答问》转变出《劝学篇》,而康氏则从《长兴学记》转变出《桂学答问》来。我们从这两面各打一折扣,恰可把握到晚清之学术界。而傲然以圣人自命的康氏,又是汲汲皇皇,热心政治,并不专精在讲学上。

及戊戌政变，康氏奔亡海外，他的学术生命，遂与其政治生命相随俱尽。然而退一步言之，戊戌政变，究不得不说是我们五十年来第一件大事。而且康氏论学，素重《礼运》，直到现在，"天下为公"的横匾，则凡政府公署所在无不有。可见康氏那时长兴讲学的一段精神，究竟不能说他没有收获，所惜是仅仅止斯而已。

五 梁启超

（一）

追随康门，从事于新读书运动的，最著者为梁启超。梁氏生于清同治十二年癸酉，距今只六十多年；卒于民国十八年，距今还不到十年；他还是一个崭新的现代人物。

康有为讲学桂林，自著《桂学答问》外，又嘱咐梁氏为《读书分月课程》，时梁氏年二十二。《分月课程》，似乎有意无意地模仿着有名的程氏家塾《读书分年日程》而来。程书可说代表大部分老派的宋学家的读书精神，而梁氏的《分月课程》，则正为现代新读书运动中一种有力的主张。我们不妨把来对比一看。

一个是专本朱子，一个是专本康先生，都是有宗主的在教人读书，此是两家之所同。然而一分年，一分月，只此意思缓急之间，便见两种读书精神之异点。前者意求玩索精熟，透彻融会，朱子所谓："宽着期限，紧着课程，循序渐进，熟读精思，缓视微吟，虚心涵泳。""分年"是宽着期限，"日程"便是紧着课程，翻读程书的自可得其意味。至于梁说则谓：

> 康先生划除无用之学，独标大义，故用日少而蓄德多。循其次第之序以治经，一月可通《春秋》，半载可通礼学。度天下便易之事，无有过于此者。学者亦何惜此一月半载之力而不从事？

所以程书自八岁入学，分年程限至二十二三岁或二十四五岁，失时失序的至三十岁前而办，始终应有十四五年或十六七年的工夫。因此程氏亦说："此法似乎迂阔。"而梁氏所谓《读书次第表》，则前后只有六个月，故自谓"便易之事无过于此也"。

今将其《读书次第表》中六月分配之大概介绍如次：

> 六月中读书共分经学、史学、子学、理学、西学五项，内以经学为主。
> 一、经学，专举《春秋》与礼学。其六月之分配，如次：
> 第一月，先读《公羊释例》（刘逢禄著）。择其要者数篇先读，一二日可卒。再读其他诸篇，六七八日可卒。
> 次读《公羊传注》（何休注）。共为书三本，十日可卒。再读《春秋繁露》，先择其言《春秋》之义者，五日可卒。
> 第二月，可以半月之功，再温《公羊传注》《繁露》二书。

次，并读《穀梁传》与《王制》。

第三月，读《新学伪经考》(康著)、《左氏春秋考证》(刘逢禄著)、《礼经通论》(邵懿辰著)、《诗古微》(魏源著)。

第四月，读《五经异义》《白虎通》。

第五月，读《礼记》。

第六月，读《大戴礼记》及《春秋繁露》中言阴阳天人者。

二、史学，六月中分读《史记》，前、后《汉书》。

三、子学，六月中凡读《孟》《荀》《管》《墨》《老》《庄》《列》《吕》《淮南》诸家。

四、理学，六月中凡读宋、元、明三朝《学案》，及《朱子语类》。

五、西学，自第三月起，四个月中读《瀛寰志略》《万国史记》《列国岁记》《政要》《谈天》《地学浅识》诸书。

这样的读书，要在前后六月之间，古今中外无不知，微言大义无不晓，至少易犯着两种流弊：

一是意思迫促，不能有沉潜深细之乐，近于太要讨便宜。

二是自视过高，看外面事理太轻率，易于长成一种傲慢与轻率的态度，不肯虚心玩索。

这并非说康、梁本身定是如此，只是康、梁之提倡，决然易走上如此的路向。现在固然没有依照着梁氏六月课程来读书的人，然而那种意思迫促以及自视过高的风气，似乎已成了四十年来的时代病;而在康、梁指导人读书的意见里,恰恰把此种时代病,十分地透露了出来。

(二)

在康氏游桂后三年,梁氏在湖南与谭嗣同诸人创南学会。其时宛平徐仁铸为督学,梁氏主讲时务学堂,徐氏有《輶轩今语》一书,据说出梁氏手。所谓《輶轩今语》者,针对张之洞《輶轩语》而名,谓此书无非欲多士急究当务,挽济时艰。其书尚在张之洞《劝学篇》成书前一年。张之洞所以从《书目答问》转到《劝学篇》,自然亦受此书影响。兹再摘要介绍如次:(下引据《翼教丛编》卷四。)

一、经学

经学当求微言大义,勿为考据训诂所困。(西汉主微言大义,东汉主名物训诂。)

经学当口说、传记二者并重。(经学本以通微言大义达于政事为主,不必沾沾于章句训诂间,此西汉经术所以为美也。)

经学当以通今为主义。

经学当先通《春秋公羊传》。

四书宜留心熟读。(孔子外王之道在《春秋》,内圣之道在《论语》,朱子特尊四书,诚为卓识。)

《尔雅》只须读郝氏《义疏》一部,《说文》只须读段注一部。(古人以此等为小学,近儒穷毕生精力,白首而研之,甚乖于小学之义。）

二、史学

史学以通知历朝掌故沿革得失为主，不可徒观治乱兴亡之迹。

史学以官制、学派二端为最要。（官制为一朝政治之所出，学派为一朝人才之所出，二者皆治乱兴衰之大原也。）

史学以民间风俗为要义。

《史记》乃一家之言，不可徒作史读。

《史记》《后汉书》宜先读。

史公以后，以郑夹漈为史才之最。

九通当择读。

近儒史学考订之书，悉宜屏绝。（梁玉绳、王鸣盛辈，杂引笔记，旁搜金石，订年月，校人名，雕虫小技，壮夫不为。）

三、诸子学

诸子之学，可与六经相辅而行。

汉以后无子书。（汉后号称子书者，皆可不读。）

四、宋学

宋学为立身根本，不可不讲。（学者苟志趣不立，行谊不端，虽读书万卷，只益其为小人之具而已。）

宋学宜先读《学案》。

朱子书宜读《语类》。

诸儒文集宜择读。

此虽寥寥十数条,然经学主以微言大义通今致用,史学主通掌故沿革,以推籀政治人才兴衰之大原,以诸子至六经相辅,以宋学为立身基本,皆不失为一种粗大而有气力的见解。而当时遂立刻引起一辈守旧者之反对,谓其:

> 纰缪无根之语,不一而足。如以训诂为无用,以考古为大谬,以诸子与六经并列,谓汉以后无子书。一时黉舍之子,相与拤舌屏息,不知其学之所由来。(语见《翼教丛编》卷四《长兴学记驳义叙》)

即此可见当时一辈守旧学者之顽固与闭塞。即就彼辈举斥各点,亦正见《輶轩今语》在当时,不失为一种纠挽时病,极清新开通之见解也。彼辈又谓:

> 袭谬沿讹,本原于康氏之《长兴学记》。

此语却甚是,《輶轩今语》大体固是《长兴学记》之引伸也。

(三)

然而一年以后,即是戊戌政变,康、梁均出亡海外,他们所提倡的新读书运动,从此绝响。平心而论,他们推孔子为教主,守《公羊》为教法,以《新学伪经考》《孔子改制考》为以毒攻毒,推翻训诂考据的话柄,此等处未免多有可议。

然而他们以作新人才、改革政治为读书治学的大目标，以经史为根柢，以时务为对象，就大体言，他们提倡的一套，实应与北宋、晚明无大悬殊。在中国学术史上，他们实应占很高的地位。不过北宋比较经历了一段安宁的过程，积了一百年三四代的酝酿，自胡瑗、范仲淹、欧阳修、王安石而迄张载、程颢、程颐，遂得造成一种有力经久的学风。晚明则梨洲、亭林、船山诸老，其下半世皆在枯槁寂寞中打熬，以三四十年的掩抑深藏，造成他们精光不磨的成绩。

今论康、梁，当其奔亡出国，康年只四十一，梁年只二十五，以与梨洲、亭林、船山相拟，尚还未到他们息志匿迹一意学问的年岁。而此后康氏在学术上即并无深造，他讲学的声光与从政的意气同时暗澹了。所以康氏在学术史上，只有彗光一射，并没有星月贞明。若就四十岁前的生命而论，梨洲、亭林、船山诸老，都没有康氏般光耀；而五十以后的二三十年间，则康氏渊泉已竭，远逊梨洲、亭林、船山诸老之生机蓬勃。康氏自身在学术修养上并没有一种笃厚坚实的基础，渊深卓绝的造诣，自然不能领导后起的人来走上一条远到的路程。只是就他的彗光一闪而论，也就终不能不说是黑暗中的一线光芒了。

而且康、梁当时所欲提倡的新学术，本以通经达务为职志。而论康、梁所遭的时代，则创古未经。其复杂艰难之情形，尤远非北宋、晚明可比。康、梁在当时，对于中国旧有经史之学，本说不到有甚深之研讨。一旦要援以致用，谈何容易。康、梁以后,"通经达务""学以致用"的观念,一发不可制,而中国旧有种种经、史、诸子、理学,却只见其与时代相扞格,急切挽不上一气来。于是做学问的只有仍守乾、嘉相传训诂考据之旧辙,尽其与时代隔绝;而热心时务的,却不期然而然的叫出"把线装书扔在毛厕里"的无理呼声来。在此时期中的梁启超,正在努力于中国之"新民"的提倡,对其以前在广州万木草堂乃至湖南时务学堂所讲论的一套中国经、史、诸子、理学等等,亦不得不逐渐疏远。直到辛亥革命前后几年,学校里几乎只有英文、算学和各种教科书,社会上几乎只有政论、新闻以及几种新小说,学术空气稀淡到极点,所谓线装书与毛厕,实在地位也颇已接近。回顾已往陈澧、曾国藩、张之洞、康有为诸人的言论,俨如隔世。

此下接着的是新文化运动,而以往一些旧书,才又借着"科学方法整理国故"那一漂亮口号之掩护,而稍稍复活。因此,一方面,虽在高呼"打倒孔家店","打倒吃人的旧礼教",而那批冷阁在毛厕边缘的线装书,连孔家店的一应旧礼教在内,却逐步的得借科学方法整理国故之美名,而重新受时代之盼睐。在那时的梁启超,又复旧调重弹,而有《国学入门书要目及其读法》之传布。

(四)

《国学入门书要目及其读法》,乃接着胡适的《一个最低限度的国学书目》而写成，事在民国十二年四月，距今只有十二年，实在还是一宗崭新的文件。那时梁氏年逾五十，亦可说比较是他晚年成熟的见解，较之他二十余岁时所写的《分月课程》等等，确有许多不同。而且我觉得，他这一个《书目及读法》，较之百年来陈澧、曾国藩、张之洞、康有为诸人的意见，全要高明得多。在这十几年来，亦还没有比他更高明的指导读书的新方案出现。我很愿郑重地介绍他这一旧公案于最近有意提倡读书运动的人做参考。下面是一个约略的介绍。原件尚易得，愿学者自寻阅之。

全《目》共有书一百六十余种，分五类：

> 甲、修养应用及思想史关系书类。
>
> 乙、政治史及其他文献学书类。
>
> 丙、韵文书类。
>
> 丁、小学书及文法书类。
>
> 戊、随时涉览书类。

戊类，梁氏本不认真。他说："既谓之涉览，自然无书不可涉，无书不可览，本不能胪举书目。"然若对甲乙两类真用功的，则第五类书全属可读，全有价值。丁类，似乎更非梁氏意趣所在，所以虽举了几部书，而说："若非有志研究斯学者，并此诸书不读，亦无妨耳。"则梁《目》用意所在，实重前三类。

我觉得他把修养、应用及思想史一类书放第一，而以政

近百年来诸儒论读书

治史及其他文献一类书放第二，实在还是以前万木草堂、长兴学舍旧规模。但他并不以孔子为教主，《公羊春秋》为教典。全部《书目》中，再没有何休《公羊传注》以及刘逢禄《公羊释例》乃至《穀梁传》《王制》《五经异义》《白虎通》《左氏春秋考证》《新学伪经考》等等，今文学家张皇附会的书籍。当他二十二岁在桂林为康先生开《分月课程》时，这些书全是学者的最先必读书，至此却绝口不提。这是梁氏摆脱康氏束缚，自出手眼的一个绝大进步。

《长兴学记》分学术为义理、经世、考据、词章四种，梁《目》前三类相当于义理、经世、词章，而偏偏缺去考据，这亦是梁氏见解卓绝处。因各项学问都该要有考据，而考据不应自成为一种学问。

在梁氏《书目》里，又把书分着"精熟""涉览"两类。他说："一要心细，二要眼快。"这是陈氏、曾氏常说的话，陈氏说："学者不肯从头读一部书，其病可以使天下乱。"曾氏则力主一书未完，不及他书。梁氏此《目》，已相当地采纳了陈、曾两家劝人精熟读书的意见，没有往时《分月课程》内一种意思迫促的毛病了。

陈氏劝人读注疏，不脱经学家圈套。张氏《劝学篇》按着《易》《书》《诗》《春秋》逐一的举一部代表书，既不成经学，又不是儒学或宋学，更觉无聊。康氏以《公羊》今文学家的偏见教人读书，尤为专辄褊狭。只有曾氏《圣哲画像记》，范围通广，较有意思。今梁氏采及诸子、诸史，意境较曾氏又恢扩。曾氏着眼，似乎只重在为个人修养立一准绳；而梁氏则注意及于治学之大体，而于个人立身修养方面，又能处处顾到。其第三类韵文一目，劝人读专集，为陶写情趣之资，亦兼有曾氏长处，而并不像曾氏之刻意在做一文章家。

又梁《目》多举后世校勘注释精本，此亦兼有张氏《书目答问》之胜场。当知须先择书，然后再讲校注；若凡书只论精校精注，则只是目录收藏家见识。

又梁《目》虽开列书籍一百六十余种之多，较之《书目答问》已相差得够远了。而梁氏在读法上先后详略，尽有伸缩，末后附上一个《最低限度必读书目》，也正如曾氏《家书》《家训》般令人有约可守。

上举诸条，可见梁氏《书目》实已掩有近百年来陈、曾、张、康诸家之长处而无其短疵。又梁氏《书目》中说：

> 我认定史部书为国学中最主要部分。

此亦以前诸家所不及。以前只知重经学、文学，到梁氏始转移眼光看重到史学。他的《辀轩今语》，亦以论史学的几条为最精彩，史学本来是梁氏天姿所近的拿手学问。而梁《目》更重要的精神，则在脱去教人做一专家，不论是经学家（如陈，如康）、文学家（如曾）、收藏家或博雅的读书人（如张），以及正统的理学家（如曾），梁氏都不在这些方面来指点人。梁氏只为一般中国人介绍一批标准的有意义有价值的中国书，使从此认识了解中国文化的大义和理想，而可能在目前中国的政治、社会各方面都有其效益与影响。这一点意义，因为时代较后数十年之故，而使梁氏《书目》，其用意及价值，遂远超于陈、曾、张、康诸家之上。

（五）

但不幸这十几年来，梁氏那一篇《书目及其读法》，也并不为时人所注意。我们不妨将最近的读书风气和梁氏意见稍作比较：

第一，似乎近来的风气，只注意在各自做各自的专门家，或教人去做专门家，而没有注意到为一般人着想。如梁氏所谓"凡属中国人都要读的"这一层，有些人根本没有想到，有些人则不认有此需要。鄙见则极同情于梁氏，认为一个专门学者，亦应该站在普通读书人的基础上，不要忘却了几许普通必读的书，而径自去做他专门的学问。因这样的专门家，并不够理想，而且对其将来专门的造就，亦会有很多的妨碍。

第二，似乎近来的风气，仍犯着陈澧所谓"不肯读一部书。此病能使天下乱"的旧毛病。这因没有了"凡属中国人都要读的"这一个观念，自然对于任何书本，皆不耐去做熟读成诵的工夫。梁氏对此，有一番很恳切的话说：

> 我在前项《书目表》中，有好几处写"希望熟读成诵"字样。我想诸君或以为甚难，也许反对，说我顽旧。但

我有我的意思。……我所希望熟读成诵的有两种类，一是最有价值的文学作品，一是有益身心的格言。好文学是涵养情趣的工具，做一个民族的分子，总得对于本民族的好文学十分领略，能熟读成诵，才是在我们的下意识里头得着根柢，不知不觉会发酵。有益身心的圣哲格言，一部分久已在我们全社会上形成共同意识，我既做这社会的分子，总要彻底了解他，才不至和共同意识生隔阂。一方面，我们应事接物时候，常常仗他给我们的光明，要平日摩得热，临时才得着用。我所以有些书希望熟读成诵者在此。但亦不过一种格外希望而已，并不谓非如此不可。

可见在梁氏当时，读书界已不耐有熟读成诵的事了，故梁氏婉委其辞，既云"也许反对，说我顽旧"，又说"不过一种格外希望而已，并不谓非如此不可"。然而梁氏的意见，实在有仔细咀嚼、诚恳接纳的价值。

第三，似乎近来的风气，全看自己的地位远在前人之上，读书只为是供给我著书的材料，著书便是我自己学问的表现。因此无论读文学、读哲学，其意亦只在供我之考订批评。梁氏所谓"涵养情趣，要在下意识里得着根柢"，以及"彻底了解他，仗他常常给我们的光明"，这一些话，似乎近年来的读书人全不肯认。所以治文学，则往往不肯熟读细读前人必读的名集，而专意搜求人家读不到的读，僻书碎札，可为我作文学史的发见与创解。治哲学思想,则必如堂上人判堂下的曲直,高下在手,出入由心。以如此的风气,来看梁氏《书目》,开首便是《论语》《孟子》,要人熟读成诵,摘记身心践履之言以资修养,宜乎要笑绝冠缨,发生不出影响来。

依照上述风气,读书只会愈读愈生僻,绝不会耐心去读人人必读之书。只会愈读愈疏略,决不会读到熟读成诵。读书的成绩,只是一批批的论文和著作,专家和发现,却不会从读书中造成对政治、社会、民族、文化有力量有效益的学者。

梁氏《书目》中更有一点值得介绍的,则是他处处站在重视中国文化的立场而为中国读书人说话。他说:

> 饶你学成一位天字第一号形神毕肖的美国学者,只怕于中国文化没有多少影响。若这样便有影响,我们把美国蓝眼睛的大博士招一百几十位来便毂了,又何必诸君!

这一点,实在可说是梁氏《书目》中一条中心重要的骨干。否则若中国文化根本要不得,则考订批评以及种种科学方法的整理,岂不全属多事,仍不如把线装书扔毛厕里之为直截干脆。

(六)

梁氏《书目》比较在现在最发生影响的,要算他奖励青年好著书的习惯那一层了。他在竭力劝人读书时附带做钞录或笔记的工夫之后，他说：

> 先辈每教人不可轻言著述，原是不错。但青年学生，斐然有述作之誉，也是实际上鞭策学问的一种妙用。又譬如同是读《文献通考》的《钱币考》，各史《食货志》中钱币项下各文，泛泛读去，并无所得。若一面读，一面便立意做一篇《中国货币沿革考》，做的好不好另一问题，你所读自然加倍受用。譬如同读一部《荀子》，某甲泛泛读去，某乙一面读一面立意做部《荀子学案》，读过之后，两人印象深浅自然不同。所以我很奖励青年好著书的习惯，至于所著的书拿不拿给人看，什么时候才认成功，这还不是你的自由吗？

梁氏此说，其奖掖青年接近学问的一番诚意，真可谓无微不至。然而真有志的青年们，对梁氏此语，亦应该好好谨慎地接受才是。从来只有读书通了才去著述，并没有为要著述才来读书的。若为著述而始读书，那读书所得的印象决不会很深，因为他早已心傲气浮，他所读的书籍，只当成他一己著述的材料看，决不肯虚心静气浸入书籍的渊深处。继此而往，读书工夫，便会渐渐地变成为翻书。

要读梁氏《书目》的第一项"修养应用及思想史关系"一类书，尤其万不能先以著述一念横梗胸中。若先立意要做一篇《孔子学案》而去读《论语》，将断不能体会到《论语》的妙处，更谈不到修养及思想。那种为著述而读书的习惯，只能领你走上无修养、无思想的路。

要读梁氏《书目》的第二项"政治史及其他文献学"的书，亦不能先以著述一念横梗胸中。因为读此一类书，须用大的眼光，活的精神，通观大体。若入手便有意要著述，眼光自然会缩小，精神自然会枯死。我并不说读书不应该随手钞摘考订，然而那些钞摘考订，究与著述相去尚远。梁氏所以说："所著的书拿不拿给人看，什么时候才认成功，这还不是你的自由吗？"可见梁氏的话，很明显地也只是在奖励人做劄记工夫。你立意读一书，尽可以附带做读此书的劄记，却千万不要专为要著作一篇像样而急待发表的论文而才去翻书。这是绝不同的两回事。聪明而有志的青年，自然不肯为要赶成几篇不成熟的著作而牺牲了自己读书时大的眼光与活的精神。

要读梁氏《书目》第三项"韵文书类"，也不能先横一个著述的念在胸中。因为梁氏开此一类书的用意，要资学者课余讽诵，陶写情趣。若先要著述，则情趣早已窒塞。你若先想写一篇《陶渊明的生活》而去读陶诗，那一定不是善读陶诗的人，也决不会真了解到陶渊明生活之深处。

要读梁氏《书目》第四项"小学书及文法书类"的，仍不能先横一个著述之念于胸中。因为此一类书，均须先化相当的工夫始能入门，如何在未入门前已放手著述呢？

要读梁氏第五类书"随时涉览"的，更不能先横一著述之念。若先有一著述之念,便失却随意涉览之趣。

总上所述,要读梁氏五项《书目》,全不能先存一个著述之念在胸中。最好是为着自己的身心修养,及文学的欣赏,情趣之陶写,以及留心政治、文献、思想上诸要项而去读书。即不然,在少年而斐然即有述作之思的人,亦应划一部分时间与精神,超然在其著述之外,而潜心去读与自己的著述绝然无关的书。如此才能开拓心胸,增长智慧。若是为了著书而读书,则仍不免为八十年前陈澧之所深斥:"不肯读一部书。此病能使天下乱。"所以我劝现在的青年对梁氏《书目》中这一番话要好好地谨慎的接受。

除却上述一个易有的误会以外,我看梁氏《书目及其读法》,还不失为指导现在青年的一个良好的方案。其间亦不免有小小可商处。如文学排去散文专集而专取韵文。(《最低限度之必读书目》内却有。)唐宋韩、欧诸家,自有文学上绝大绝高之价值,纵不必劝人学古文,然学古文,至少亦自有陶写情趣之用。《论语》劝人读戴望注。戴注多牵强附会,此梁氏仍未脱以前《公羊》家观点也。又如《易经》劝人读焦氏三书。焦书虽属一家之言,却不必在此《书目》中劝人读,此仍是未脱乾、嘉以来之门面语。如此之类,然不足为此目录之全体病。我们莫以为十年前的东西早已过时了。我所以还愿郑重介绍梁氏此项《书目及其读法》于现在有志提倡读书运动的先生们及有志读书的青年们之前。

我记"近百年来诸儒论读书"大体将止于此。读者当会其前后而观之,庶可明本篇之作意。却不当割裂分散,认为本篇作者只是有意在提倡某家,排斥某家。

(民国二十四年十一月天津《益世报读书周刊》。原题名《近百年来之读书运动》。)

学术与心术

一

此数十年来，中国学术界，不断有一争议，若追溯渊源，亦可谓仍是汉、宋之争之变相。一方面高抬考据，轻视义理。其最先口号，厥为"以科学方法整理国故"，继之有窄而深的研究之提倡。此派重视专门，并主张为学术而学术。反之者，提倡通学，遂有"通才"与"专家"之争。又主"明体达用"，谓学术将以济世，因此菲薄考据，谓学术最高标帜，乃当属于义理之探究。

此两派，虽不见有坚明之壁垒与分野，而显然有此争议，则事实为不可掩。今试平心探究，考据之学，承袭清代经学遗槩，诚为不可厚非。苟成学立说，而不重明据确证，终无以达于共是而不可破之境。空言义理，是非之争，势将转为意见与意气。当知意见不即是知识,意气不足为权衡。惟考据乃证定知识之法门,为评判是非之准的。考据之学,又乌可得而菲薄之?

抑且学问广博,如大海不见其涯涘。人之才性既殊,聪明有限,又兼年力短促,材料搜集,亦多限制。若求兼通博涉,此非尽人可期。学术分工,各务专门,其必趋于窄而深之一途,亦情势所难免。

至于学术之于时务,其事可相通而不必尽相合。时事之变,瞬息异状。即以此三四十年言,变化多端,几难回想。若必以追随时变为学的,曲学阿世哗众取宠者勿论,而学术探究,必积年岁;时务需要,迫在当前;其事如夸父与日竞走,心意浅露,程功急促,不仅害学术,亦将害时务。转不如两各分离,使潜心学术,一旦有所成就,转可多方沾溉,宏济时艰。则为学术而学术,其事又何可议?

然学术与时代脱节,事终不美。此数十年来,国内思想潮流乃及一切实务推进,其事乃操纵于报章与杂志期刊少数编者之手。大学讲堂以及研究院,作高深学术探讨者,皆不能有领导思想之力量,并亦无此抱负;转若隐退事外,腾身云雾。一国之众,群在回惶迷惘中,惊扰震荡之际,而学术界游心膜外,不仅无所主张建白,抑若此等无足厝意。遂使学者如坚瓠之不可食。此岂社会之所望?

而且见树不见林,竞钻牛角尖,能入而不能出。所谓窄而深之研究,既乏一种高瞻远瞩总揽并包之识度与气魄,为之发踪指示；其窄深所得，往往与世事渺不相关。即在承平之世，已难免玩物丧志之讥。何论时局艰危，思想彷徨无主，群言庞杂，不见有所折衷，而学术界曾不能有所贡献。所谓为学术而学术，以专家绝业自负，以窄而深之研究自期，以考据明确自诩，壁垒清严，门墙峻峭，自成风气，若不食人间烟火。纵谓其心可安，而对世情之期望与责难，要亦无以自解。

考据之价值，亦当就其对象而判。清学初兴，最先理论，则曰："经学即理学。"又曰："训诂明而后义理明。"其所悬以为考据之对象者，仍在义理。厥后颓波日下，始散而为音韵训诂，降而为校勘辑逸。饾饤琐碎，烦称博引，而昧失本原，忽忘大体；人人从事于造零件，作螺丝钉，整个机器，乃不知其构造装置与运用。论其考据方法，或操而愈熟，运而益精。然究其所获，则不得不谓愈后而价值愈低。此数十年来，所谓以科学方法整理国故，其最先旨义，亦将对中国已有传统历史文化，作彻底之解剖与检查，以求重新估定一切价值。所悬对象，较之晚明、清初，若更博大高深。而惟学无本源，识不周至。盘根错节，置而不问。宏纲巨目，弃而不顾。寻其枝叶，较其铢两。至今不逮五十年，流弊所极，孰为关心学问之大体？孰为措意于民物之大伦？各据一隅，道术已裂。细碎相逐，乃至互不相通。仅曰："上穷碧落下黄泉，动手动脚找材料。"其考据所得，纵谓尽科学方法之能事，纵谓达客观精神之极诣，然无奈其内无邃深之旨义，外乏旁通之涂辙；

则为考据而考据，其貌则是，其情已非，亦实有可资非难之疵病。

二

窃谓上述两派之争议，平心论之，亦是各有立场，各有见地。合则两美，分则两损。欲为中国此后学术开新风气，辟新路向，必当兼综上述两趋势，而会通博综，以冶之于一炉。而兹事体大，清儒自道、咸以下，如阮元、陈澧，早有此意，而终无大力负之以趋。因循迄今，时局日艰，而学术堕地且尽。今日而欲从事于此，较之道咸阮、陈之时，其艰巨深微，又增万倍。然而七年之病，求三年之艾，其道又舍此无从。

尝试论之，必先有学问而后有知识，必先有知识而后有理论。学问如下种，理论犹之结实。

不经学问而自谓有知识，其知识终不可靠。不先有知识，而自负有理论，其理论终不可恃。不先下种，遽求开花结果，世间宁有此事？此乃学术虚实之辨。而今日学术界大病，则正在于虚而不实。所以陷此大病，亦由时代需要，群求有思想，有理论，俾一时得所领导而向往。思想无出路成为时代呼声，而学术界无此大力，学术与时代脱节。于是一般新进，多鄙薄学问知识，而高谈思想理论。不悟其思想理论之仅为一人一时之意见，乃不由博深之知识来。其所讲知识，皆浅尝速化，道听途说，左右采获，不由诚笃之学问来。若真求学问，则必遵轨道,重师法,求系统,务专门,而后始可谓之真学问。有真学问,始有真知识。有真知识,始得有真思想与真理论。而从事学问,必下真工夫。沉潜之久,乃不期而上达于不自知。此不可刻日而求,躁心以赴。此一种学风之养成,在今日乃若非易事。

三

其次当知,考据仅为从事学问之一方法。学问已入门,遇有疑难,乃涉考据。此乃学问有得以后事,非始学入门事。学者自创新解,自标新得,必凭考据资人共信,考据诚所当重。然不当即以考据代学问。

晚近学术界,因尊考据,又盛唱怀疑论。古人亦言:"尽信书不如无书。"又曰:"学必会疑始有进。"然疑之所起,起于两信而不能决。学者之始事,在信不在疑,所谓"笃信好学"是也。信者必具虚心,乃能虚己从人。如治一家思想,首当先虚己心,就其思想而为思想,由其门户,沿其蹊径,彼如何思入,如何转出,我则一如其所由入而入,所由出而出。此一家思想之先后深浅,曲折层次,我必虚心,一如彼意而求。迨于表里精粗无不通透,所谓心知其意,此始于信奉一家思想,姑悬为我学问之对象。我因学于彼而始得之己,遂知思想当如何运用。又对此一家思想之深细曲折处,皆有真知灼见,此为我之由学问而所得之知识。然则即言学尚义理思想,岂不仍是实事求是,有考有据,为一种客观之认识乎?

惟为学不当姝姝于一先生之言。彼一家之思想,我已研穷,又循次转治别一家。我之研治别一家,其虚心亦如研治前一家。不以前一害后一,此之谓"博学好问",此之谓"广收并蓄"。而或两家思想各不同,或相违背,然则谁是而谁非?我当谁从而谁违?于是于我心始有疑。故疑必先起于信,起于两信而不能决。如此之疑,始谓之好学会疑。故即治思想,亦当知考据。我若笃信一家,述而不作,此亦一种考据。若兼采两家,折衷异同,会而通之,此亦一种考据。凡此皆虚心实学之所得。

今言怀疑,先抱一不信心。其实对外不信,即是对己自信。故其读书,如踞堂皇而判阶下之囚,其心先不虚,先已高自位置,傲视一切,则如何肯耐心细心从事于学问?学问不深,如何有真训练、真能力、真知识?因此其运思构想,乃不肯承认向来自有成规。其本身思想,粗疏矛盾,乃不自晓。其批判各家,一凭己意,高下在心,而实非各家思想之真实有如此。彼先未有广博明白之知识,为其自己所持理论作后盾。彼之思想与理论,乃未经学问而即臻早熟。彼乃以自信代会疑,以批判代学问。彼以为思想与理论,可以如脱辔之马,不复受驾驭控勒,而可以逞一己驰骋之自由。以如此之学风,则鄙斥考据,事无足怪。

然有此病之学者,乃曰:"我知实事求是,我知考据而已。"一若考据即尽学问之能事。凡遇运思持论,讲求义理,皆目为空洞主观,谓非学问中事。凡如此,则其先亦不能虚心学问。书籍只当是一堆材料,已不成为一种学问之对象。一若手中把握有科学方法,即是无上工具。凭此工具,对付此一堆材料,即可成为我之专门绝业。遂一意于材料中找罅缝,寻破绽,觅间隙,一若凡书尽不足信,苟遇可信处,即是不值学问处,即是无可再下工夫处。故其工夫着意处,尽在找前人之罅缝与破绽与间隙。最好是书有不可信,否则觅人间未见书,此所谓未经发现之新材料。因谓必有新材料,始有新学问。此乃以考据代学问,以钻隙觅间寻罅缝找漏洞代求知识。其所求为自己之知识者,在求知别人之罅缝漏洞而止。然此决非由于虚心内不足,而始有意从事于学问之正轨。心术已非,而学术随之。遂若一堆材料,一项方法,拈得一题目,证成一破绽,即是大发现、大学问。此其从事学问之本无甚深旨义,其所潜心考据之必无甚大关系,亦不问可知。是安得谓实事而求是?又安得谓客观之精神?然则主张学问必重义理,必当通今达用,不当在故纸堆中专务考据,其所讥弹,又何可非?

四

故学问必先通晓前人之大体,必当知前人所已知,必先对此门类之知识有宽博成系统之认识,然后可以进而为窄而深之研讨,可以继续发现前人所未知。乃始有事于考据,乃始谓之为学术而学术。如是者,可以守先而待后,学术传统可以不中绝，知识实得可以不失丧。此必先有下学工夫，必先对学问有一种更深更真切之旨义，故能不厌虚心博涉。循而久之，其心中泛起有新问题，此始为值得考据之真问题。而此项问题与考据，并未存心必求其为窄而深，而自见其为窄而深。初未自负于成专家，而终不免其成为一专家。此乃由下学而上达。上达不可期必，我之实下工夫处在学问，我之确有了解处是知识。我之在学问与知识之不断进程中而遇有疑难，于是不得不运用我解决此项疑难之考据与思想。其由考据与思想之所得，则成为一种理论，此种理论，则可以前无古人。然此乃上达中事，必以待之一时杰出之能者。苟能真从事于下学，又焉知我之必不为一杰出之能者？人一能之，己十之。人百能之，己千之。博学之，审问之，慎思之，明辨之，而后笃行之。专就学术言，学者著书立说，不问其为思想家，或为考据家，凡其确有创见新得，而发乎其所不得不发，言乎其所不得不言，是亦笃行之事也。

凡人用心，必有所从入。学问非以争奇而炫博，非以斗胜而沽名。求以明道，求以济世，博古通今，明体达用，此真学问从入之大道。然循此而入，可以引而愈远，穷而益深，乃不见其涯涘之所止。乃贵于自就才性，自限专业。此岂初学存心，即当悬此标的，深闭固拒，而谓莫与易乎？通学在前，专精在后。先其大体，缓其小节。任何一门学问，莫不皆然。此乃学问之常轨正道。孰先传焉，孰后倦焉，有始有卒者，其惟圣人乎！学问有始条理，有终条理，必金声而玉振之。中人以上，可以语上；中人以下，不可以语上。今之学者，不论主义理思想，或主考据，莫不诏初学以中人之上，莫不从事于终条理。因此有义理，有考据，而其实则无学问，无知识。筑其不广，单线直上，即其不广之基，初未坚筑，倾陷倒塌，可立而待。苟风气变而学术正，则此两途，本可合辙，其事若难而并不难。最先当于心术入微处，端其趋向。迨其进入学问，则涂辙不可不正。古今中外，学业成就，与夫成就之大小，胥不由此而判。故最先必诱导学者以虚心真切从事于学问，必督责学者以大体必备之知识。其次始能自运思想，自寻考据，孜孜于为学术而学术，以趋向于专门成业之一境。其最后造诣，乃有博大深通，登高四顾，豁然开朗，于专门中发挥出绝大义理，罗列出绝大考据。其所得将不限于其所专业。如是之学，乃始为天壤间所不可少。其为为学术而学术乎？其为以学术济时艰乎？到此皆可不论。而此固非初学之所骤企。则曷不为循循善诱，而必先悬举此至高之标的，使人高心空腹，游谈无根，为无本无源之夸大乎？

五

故论学术，必先及于心术与风气，即此便具绝大义理，经得起从来学术史上之绝大考据。学问本自会通，何必自筑垣墙，各相分隔。

抑且更有进者，此数十年来，国内学风，崇拜西方之心理，激涨靡已，循至凡属义理，必奉西方为准则。一若中西学术，分疆割席，俨如泾、渭之清浊相异，又若薰莸之不同器。治中学者，谨愿自守，若谓中国学术，已无义理可谈，惟堪作考据之资料。其悍而肆者，则恣情谩骂，若谓中学不绝，则西学不流。西学不流，则中国之在天壤间，将绝不可再立足。彼不悟西学言义理，亦复多歧。有古今之别，有国族之别，有宗派门类之别。治西学者，亦当循考据途径。当知一学说，一义理，其兴起而臻于成立，各有传统，各有背景，各有据点，各有立场。复有立说者之个性相异，时代不同。若果细心考据，便知西方言义理，固非可建诸天地而不悖，推之四海而皆准。何得孤引片言只辞，遽尊为金科玉律？而中国旧有义理，宁无与西方有可以相通处？宁无对本国国情民俗，有其独特妥当融洽处？宁无可以推陈出新，依然当保存而光大处？而治中学者，相戒不敢顾及于此，一意以一堆材料、一项考据为满足。故鄙言义理者，其实则尊奉西方人义理为莫可违异。盛言考据者，其实则蔑视本国传统，仅谓是一堆材料，仅堪寻隙蹈瑕，作为其所谓科学方法者之一种试验与练习。此种风气，言之尤堪痛心。

今欲矫其偏蔽，则仍当以考据、义理并重，中学、西学以平等法融之一炉。当知言西方义理之说者，亦当守考据家法，才知其所尊某项义理之真边际，真性质。言中学以考据为能事者，亦当先扩大心胸，必知考据之终极，仍当以义理为归宿，始知其所当考据之真意义与真价值。如此则义理、考据，固可相济，而中学、西学，亦可相通。又何事乎出主入奴，轩此轻彼，必先立一牢不可破之壁障以自限？

本所同人，学问无可自恃，知识无可自信，自创设新亚研究所，每为此事，时相研讨。上之所述，将勉奉以为诏示求学者之方向与准绳。自谓差免门户之见，或有涂辙可遵。至于自所窥寻建白，偶有述作，固未敢谓能符其所欲赴。惟心向往之，虽不能至，亦曰有意乎此焉云尔。兹值《学报》创始，姑述其所平素讨论者，以求并世通人之教益。

(一九五五年八月一日《新亚学报》一卷一期创刊辞。)

学问之入与出

一

我从去年起,屡次演讲,所讲皆是有关做学问的方法。同时亦曾涉及学术史方面,因其仍与做学问的方法有关。但诸位若懂得,即听一讲也够。若不懂得,尽多讲也无益。此次讲题,仍属方法方面。

今天讲题是"学问之入与出"。这是讲做学问,如何跑进去,与如何走出来,亦即讲学问之内外。程明道有云:

> 王介甫学问,犹如对塔说相轮。我则直入塔中,距相轮已近。

此番话指出王介甫乃在学问之外面讲学问,而未能跑入内里

去。明道之意,自然做学问该能跑进内里才是。但苏东坡诗有云:

> 不识庐山真面目,只缘身在此山中。

此语好像要人能跑出学问外面来。《论语》子贡说:

> 夫子之墙数仞,不得其门而入。

此指学问之入而言。孟子云:

> 登东山而小鲁,登泰山而小天下。

此指学问之出而言。又公孙丑问曰:

> 夫子当路于齐,管仲、晏子之功,可复许乎?孟子曰:"子诚齐人也,知管仲、晏子而已矣。"

可见知人论学,皆须能超越在外。《庄子·秋水篇》:

> 井蛙不可以语于海者,拘于虚也。夏虫不可以语于冰者,笃于时也。曲士不可以语于道者,束于教也。今尔出于涯涘,观于大海,乃知尔丑。尔将可与语大理矣。

学问之入与出

此亦要我们跑出外面来。以上随意举出春秋、战国与宋人语，来作我今日所要讲的学问之入与出的引子。

做学问自然首先要能"入"，可是到最后，却不一定要能"出"。《论语》中孔子似未尝教我们要跑出学问之外来，他说：

> 下学而上达。

"下学"是走入，一路向上，却并未教人入了又要出。又说：

> 吾道一以贯之。
> 博学于文，约之以礼。

这些话，都未教我们跑进去了，要再跑出来。孔子之最伟大处便在此。至于道家即不然，庄老讲"道"、讲"天"，即是教我们要能超、能出。佛家亦教人要能出。禅宗更是"呵佛骂祖"，惟求能出，始算是到家。可见在此方面做学问的精神，便有大不同。道家、佛家都教人要能"超"，要能"出"。但如孔子之道之大且高，却并未要人跑进了再跑出。关于这一层，研究儒家者不可不知。我想在此方面俟有机会，更作一番较深的阐发。

二

现在先讲学问如何入。入有深浅。有深入,亦有浅入。如孔子曰:

> 由也升堂矣,未入于室也。

得其门而入是第一步,升堂则入较深。但升堂后,还要能入室,此则更深入了。孔子又说:

> 知之者不如好之者,好之者不如乐之者。

知之是入门第一步,再入始能好之,心悦诚服而喜不自禁也。更深入,则为乐之,至是则学问乃与自己生活打成一片了。真正的跑进内里,居之而安,为乐无穷。但决不能无知而好,也不能不好而乐。此中自有层次,不能任意躐等。

学问之入,复有"大""小""偏""全"之分。孔子门下有德行、言语、政事、文学四科,其弟子只是各得其一方面。可谓得其偏未得其全,见其小未见其大。人说孔子博学,而孔子自云则曰:"吾道一以贯之。"游、夏在孔门四科中属文学,文学似近博学而有别。故孟子云:

> 子夏、子游、子张,皆有圣人之一体。冉牛、闵子、

颜渊，则具体而微。

"具体"谓其具有孔子学问之全体，惟规模微嫌小了一些，未能如孔子之广大。此等批评，非亲历学问甘苦者不知。诸位且当从字面上知有此分别，久后方能逐渐体会，此刻且莫作空推测。即如"具体而微"四字，此非从文字训诂上所能真实明了其涵义。欲真实明白得此语，则先须求入门。如颜渊、子贡二人之间，其学问有何不同？颜渊与孔子，又有何不同？此须深入，然后有真知，然后能活现。此中有大有小，有偏有全，亦复有厚有薄，有强有弱，种种差别。入之愈深，然后能辨之益精。若在门外强说门内之种种，总是费话，不能认真。

学问之入门，就儒家传统言，可分为两方面。一方面是从行为、人生之真修实践入，一方面则自讲究学问道理入。此两方面实亦不可分，应如人之行路，左右足更迭交替而前。但第一足先起，应是人生行为方面。从人生行为方面入者，古人谓之"小学"。如先则从事洒扫、应对，进而讲究孝、悌、忠、信，此乃儒学入门。倘不自此处入，则如何讲得孔子思想与中国文化？当知孔子教人，即从此处诱入，此是为学之最先起步处，亦是为学之最后歇脚处。离开真实人生来讲儒学，只是自欺欺人。然若谓能洒扫、应对即便是孔子，此话确是有病。如宋儒陆象山有云：

我不识一字，也将堂堂地做一人。

但此总只是下学方面多,又总不免是为学之一偏。讲做学问,大体说来总得要识字。若走第二条路,从读书入门,更试问如何能不识字?故识字工夫,清人亦谓之是"小学"。要做学问,第一须是识字,第二方是读书。不识字又如何能读书?《论语》载子路说:

> 何必读书,然后为学?

孔子对此,并未加以许可。近儒章太炎谓陆王之学近似子路,亦是从此方面着眼而说的。

三

今再论读书方法,或说是为学"入门"之学。我请诸位注意一读我所著《朱子读书法》一篇。因朱子教人读书方法,是最可取法的。其所论,可谓浅而深,既落实、又超越。昔人尝问苏东坡,读《汉书》苦难记忆,东坡告以应"分类以求"。此如现代人读书,写卡片,把来分类。但前人读书,主要不在写卡片。应先在读第一遍时,注意某一问题。待读第二遍时,再注意另一问题。苏东坡所谓"分类以求",须如此般去求。今人却只知一意写卡片,写了卡片,转而读卡片,再不读原书了。今人为学只是欲速求省力,以为有方法,却远不能如古人之深细而周到。苏东坡虽曾如此读《汉书》,但苏氏《集》

中，很少讲及汉代之各方面。可知东坡读书,既能入,又能出。我们好像不见他对《汉书》曾下过几许工夫般,此正是他入而能出之证。韩昌黎《答李翊书》有云:

> 非三代两汉之书不敢观。

此是韩氏为学之入门。柳宗元教人学文章,如"读《史记》而参其洁"之类。所谓"参其洁",每读一家、一部书,必应撷取其精华所在而师法之,此即其能入。如此参合,始可走出,遂自成为柳氏一家一体之文。杜工部作诗自称:

> 转益多师是汝师。

又云:

> 清新庾开府,俊逸鲍参军。

此所谓"清新""俊逸",即如柳子厚"读《史记》而参其洁"之类。专读一家,自有所得。再读别家,又再有得。其最后则:

> 读书破万卷,下笔如有神。

破万卷书后之所达,方为杜氏自己之诗。其下笔自有神者,是即杜氏神来之笔。由此可知,学问之人,非只一门。上述韩、柳为文,工部为诗,皆如此。

苏东坡读《汉书》,断非读了一遍即算,乃是分别注意,从各门而入。故知学问入门,决非只有一门。可自此门入,而亦可自另一门入,但同时不能两门同入。方其进入一门之时,此一门即是彼当时之专门之学。要入一门,即专读一本书亦可。此如朱子所云:

> 读《论语》时,不知有《孟子》。

甚至读《论语》前一章时,要不知有下一章,此是求学问入门最当养成之心习。

读一部书,可转为读一个人。如读《论语》后,可再读《春秋》,此时即是由"专门"演成为"通学"了。因《论语》《春秋》皆出孔子,既皆是孔子之学,兼读自应会通。后来大学者,每人必有多部著作,读此一人,便须在此多部著作中求会通。读一人又可转而读一家一派,如读孔子后,又兼及孔子之弟子,以至如孟子、荀子,又下为董仲舒、王通,再下为宋儒。此等皆是儒家言,应求会通。此外复有如道家及佛学等。

其实学问范围亦不限于一家或一派,如读《韩昌黎文集》,可知昌黎之学决非限于诗文而已。即其论诗文,如云:

> 国朝盛文章,子昂始高蹈。

当知此十字所包之范围,及其所占之境界,实决非专学某一家、某一派诗文者所能道。又如其云:

> 孟氏醇乎醇者也,荀与扬大醇而小疵。

他也只用十个字来批评孟、荀、扬三人。此非先比读此三家,又必在此三家外更有甚深甚广之了悟,才能下得此十字评语。又如彼云:

> 吾尝以为孔子之道大而能博,门弟子学焉而皆得其性之所近。

此非读通一部《论语》后,不能有此语。又如其《与孟尚书书》批评汉儒经学,虽只寥寥数语,着墨不多,但见其对汉儒经学了解之深透。可见昌黎"文起八代之衰",实非仅是一文人。杜工部为有唐一代之诗圣,其能事亦决非专从学诗来。

四

总上所述,进入学问步骤有四:

第一步应是专门之学。专读一书,专治一人、一家、一派,此均可谓之是专门之学。如读完一部《皇清经解》之后,方懂得清代考据之学,此亦是一专门。由此进而上通宋学,在其治宋学时，则仍是一专门。

第二步是博通。从此专门入，又转入别一专门，只此便是博通。如专治了杜再转治李，专治了韩再转治柳，亦即是博通。更进而专治了诗文，又转治经或史，又兼治诸子，亦即是博通。可见博通仍自专门之学来，并非离开了专门，别有所谓博通。

第三步则仍为专门。如昌黎专读三代、两汉，是必经、史、子皆读了。进到此一阶段时，他却专做文章，此乃其专门之学。又如孔门四科，各有专长。到此学已成"体"，但其境界则仍未能"化"。

第四步始是成家而化。既专门，又博通。循此渐进，可入化境，将其所学皆在他一家中化了。

司马迁尝师事于董仲舒，仲舒乃一经学家。仲舒博通五经，而专长在《春秋》。史迁上绍《春秋》而作《史记》，但《史记》范围却极广博。既不限如《春秋》，亦不限如五经。司马迁一家之学，可谓是成家而化了。在史迁以前，只说儒分为八，史迁却在八儒中特意提出孟子、荀卿。当时人极重视邹衍，但史迁却谓邹衍不得与孟子相比。当知此下人讲儒家，其实是全依了史迁观点，逃不出史迁所指示。史迁又将老、庄、申、韩合为一传，但史迁所欣赏者乃在老子。此下人讲道家，亦不能跳出史迁观点。一部中国思想史，其中重要观点，可谓在史迁时早已摆定。此见司马迁之伟大处。司马迁虽见称是一史学专家，但不能不说司马迁之史学则已达化境。又如他为项羽作本纪，七十列传以伯夷居首，此等处在迁均有极深寓义，至今尚待有人为之阐发。可见史学非仅是求知事实，应有更高境界，在事实之外者。若令诸位各试撰"民国以来之学术界"一篇，则势必所写各异。民国以来之学术界是现代眼前事，但各人所写各不同，便见各人学问之高下。

上面讲学问入门，须"由专而博"。开始专读一书、一人、一家、一派，只求从一门入去求了解；渐渐推扩至别书、别一人、别一家派，亦如此专门下工夫。却不可道听涂说，自欺欺人，对某一门学问并未入门，强把别人话来改头换面随意立说；亦不当在自己未入门的学问中妄下批评，或妄出意见。既能博了，又须进一步"由博返约"。此所谓"约"，乃指其归属于他自己的，亦如《中庸》之所谓"致曲"。当知一个大学者广通博达，到头所成则只是一"曲"而已。惟致曲之后，则又须"能化"。如治经学，先通《诗》，再通《书》，再及《易》《春秋》，由一经入门，而遍治群经。待其既遍治群经了，然后再返专一经，或《诗》或《易》。但彼之于此一经，实自博通群经而入，又自博通群籍而入。彼之诗学，乃是积经学与经学外之各种学问之大体，而才能自成其为一家之言。所言虽为诗学，而不尽为诗学。彼之一家之言，实已非经、非史、非集，如此始能算得是成家而化。

五

现代学术界最不好的风气,乃是先将学问分成类,再把自己限在某一类中。只知专门,不求通学。因此今日之专门家,反而不能成一家言。当知自古迄今,学问能成一家言者并不多。其所以能成一家言者,主要在其学问之广博互通处。不仅如上所云,自经通史,自史通文,如是而已。凡做学问,则必然当能通到身世,尤贵能再从身世又通到学问。古人谓之"身世",今人谓之"时代"。凡成一家言者,其学问无不备具时代性,无不能将其身世融入学问中。姑举中国学术史为例,暂自宋代之经学讲起。

《程伊川行状》称:

> 明道十五六岁时,谒周茂叔论学,即厌科举之习,慨然有求道之志。

此数语,即是明道为学之从入处。科举乃是当时之俗学,俗学固是一时代人之所共学,但与我上述通于时代之学有不同。俗学若切于身世之用。但真求有用于身世,则其学必然会超越于俗学之外与上。此种通于时代而有切于身世之用者,中国传统谓之"道"。在程子当时,释氏之学乃被共认为最高之道之所在。程子自言:

> 泛滥于诸家，出入于老释者几十年。返求诸六经，而后得之。

此数语，又见明道为学之从入处。至此可谓其学已成。后世称二程、张横渠、朱子，为宋理学四大家。其实此四人，皆通六经，皆从六经入。至陆象山，乃谓：

> 六经皆我注脚。

又说：

> 我不识一字，也将堂堂地做一人。

象山之意，偏乎从人生行为入，而看轻了从识字读书入之一路。纵说是"此心同，此理同"，但若不识得圣人之心与理，专从我自己心上求，怕终求不出其同处来。又如象山若不读《孟子》，怕也说不出"不识一字，也将堂堂地做一人"的那句话来呀！因此迨于末流，乃生后人所谓"高心空腹"之弊。洒扫、应对、进退人生实践固是学，固当讲求；但若仅做一乡曲自好之士，则不妨说即此已是；若真欲做一学者，求对身世有用，象山此语终是有病。

于是再下遂有顾亭林提出"经学即理学"之说，及黄梨洲又提出"经史实学"与"讲堂锢习"之分别。经史实学，亦即教人识字读书，指示人一条如何进入学问之路。但由此一转，此下清儒乃有"训诂明而后义理明"之说。于是训诂、名物、考据那一条路，至乾、嘉时，臻于极盛，入而不能出。

又有章实斋提出"六经皆史"，再主张学问当通时代，切身世。章实斋评当时人为学，如蚕吃桑叶，却不吐丝，即是此意。其实当时考据大师戴东原亦有此意，彼云："做学问有抬轿人与坐轿人之分。"在东原之意，当时仅从事于训诂、名物、考据之学者，不免多是抬轿人。东原自负，像他自己乃始是坐轿人。彼写了《孟子字义疏证》一书，其学术境界，确是高出侪辈。其高第弟子阮元为《论语·论仁篇》《孟子·论仁篇》，亦即在字义疏证上用力。就清儒立场言，阮元可说是入门了，戴氏则已升堂，但仍未入室。只因乾、嘉之学，皆能入而不能出。戴东原固亦自经学入，但宋儒经学濂、洛、关、闽四派，为戴氏所不取。戴学始终是偏在识字读书，而不通时代，不切身世。其《孟子字义疏证》，乃有意要通时代、切身世，故能高出侪辈。章实斋始自经学中跳出，提倡史学，自开一门径。此后龚定庵、魏默深出，专治今文学，外面看仍是经学传统，实已转入了史学路线。

至康有为则并不通经学考据，就乾、嘉传统言，彼乃始终徘徊于门墙之外，未尝入门。而康氏亦主张用经学来通时代，切身世。其实彼之为学，非汉非宋，而于象山、阳明"笃实为人"一路，去之亦远。则可谓两面未入门。无怪其学问与时无补，转抑害之。

六

清学有三变：清初顾亭林、黄梨洲、王船山三家，其学皆"大而能化"，一读三家著作即知。此后遂转入经学专门的路上去。但如顾栋高《春秋大事表》，骤看只是讲《春秋》，其实彼之学问决不专在《春秋》。此乃读遍二十四史，博通史地典章制度，而后得成其学者。又如胡渭之《禹贡锥指》，骤看亦如只讲《禹贡》，其实亦为广读全部中国史及中国地理之后，而用其所学来讲此一篇文章。我们读书，首应观其如何将彼之全部学问纳入其文章中，且须透视其文章之背后，来了解其学问从入之路。若我们不读《春秋大事表》与《禹贡锥指》，即不知当时人如何做学问。其实当时学问，仍是一种通学。待到乾、嘉之后，始转入为专家之学。即如读段玉裁注《说文解字》，岂不俨然是一种专家之学。但若读其《文集》，可知其学亦不限于《说文》。彼在学问上拿出来的是《说文》，但其学问之所由进入之处，则决不限于《说文》。

某年我游济南，在一书肆中，偶见王筠所著《仪礼注》原稿，朱笔工楷，加注在张稷若本《仪礼》之上，细如蝇足，密如蚕子，行间眉端，处处皆满，深叹王氏治《仪礼》工夫之精到。但王氏之学，亦仅以《说文》名。可知古人云："流落人间者，泰山一毫芒。"真是不错。凡做学问，必有其融会贯通处，但到他拿出来时，则仅是他一家之拿手擅长处而已。

又如高邮王氏《经传释词》一书，彼乃于博通群书之后，仅取经传中"虚字"一项来讲,此可谓专门之尤专门者。然即此可见其学问之博通处,实足令人钦佩。但乾、嘉学者工力虽深,苟放在整个学术史上论,其学终是能入而不能出,成家而不能化。

晚清以下,新学萌苗。如梁任公曾取西方经济学、货币学、社会学种种新知识来讲《说文》,两面拼拢,也能开创一新面目。但恨其粗略不能精。王静安居留日本时,治甲骨文,但彼熟读《十三经注疏》,来讲殷周制度。又根据《楚辞》《山海经》等书,来考《史记·殷本纪》。彼之甲骨文学,可谓既通且精,较之任公远胜矣。其实都只是当时一新风气,自此一学问通至另一学问,而开出新境界。至如康有为《新学伪经考》,从史学来讲经学,与王氏、梁氏同是一条路。但不仅粗疏,而且荒谬了。学问必能入而后能出。康之经学并未有所入,急要有所出,自是要不得。

七

凡做学问,能把两条学问路径会通起来的,必然有好表现。至于千门万户的大结构,不必说了。即如文章与史学会通,而有清代学者的"新碑传"。此一体我向所欣赏,细考乃知实自元、明以来已有之。在《钱牧斋集》中,即有许多像清人之碑传新体,惜乎此体乃不为桐城派姚惜抱等所领略。桐城派唱为古文,自谓导源于归有光。其前,前后七子,提倡"文必秦、汉,诗必盛唐"。但王世贞等,实在是文学中之门外汉,并未能真进入秦、汉之门。归有光用力《史记》,可谓真进入。且彼又通经学、子学、佛学,虽表现仅在文章,而所通实甚博大。其后首先推尊归有光者,乃为钱牧斋。钱氏自史学进入文学,其学问门路亦甚广。厥后自黄梨洲至全谢山,皆沿袭钱氏为文。如黄氏之《明儒学案》,全氏之《鲒埼亭集》,皆由文学、史学两门合拢而成。再下乃衍变出清代之"新碑传"。此一体有关学术者甚大,惜乎桐城派诸人未能注意及此,到现代则此学已绝。如章太炎及门弟子甚多,彼逝世后,彼之一生学问,应有一人能为彼写一碑传,综括叙述;但惜乎是没有了。

不能会通,也该专精。梁任公尝云:"初学勤发表,可助读书。"今人都信此说,乃竞务于找题目,以为有了题目即可写文章。实则在读书方面的工夫是荒了。因此在学问上没有入门,而遽求发表,而且多多益善。直到今天,能发表文章的是不少了,但是真能传授后进的则实在太少了。人人无实学可授,如此下演,支离破碎,竞创新见,而并无真学问可见。因此人人都爱讲新思想。但思想也应有一传统,应须于从前旧思想中有入路,始于其所要创辟之新思想有出路。即在思想家,亦岂能只出不入。今天大家都不求入门,尽在门外大踏步乱跑,穷气竭力,也没有一归宿处,此病实不小。

因此,经学、史学、文学,今人都不讲求,却高谈中国文化。这样则纵有高论,也难有笃论。纵有创见,也难有真见。论及中国古代文化中之经济背景时,首想探求古代之农业情况。

我曾细读过程瑶田之《九谷考》，才使我有路写出《中国古代北方农作物考》一文。再由中国古代北方之高地作物，而讲到中国古代之穴居情形。要考古代之穴居，翻读《说文》，亦自谓有甚多发现，为清儒所未及。我此刻自己认为已稍稍懂得《说文》一书之病在何处，清儒研究《说文》之病又在何处，《说文》与《尔雅》之不同又在何处。至此我更见得清人学问能入不能出之病。

简言之：清儒之病，主要在太专门，不能由此门通到那门去。而今天我们的问题，与清代人当时又大不同。我们有我们之时代，与我们之身世。同时西方人各方面知识传入，又为清代人所不知。我们今日当身面临之问题，更为古所未遇。照理我们应该能创出一套新学问来。今天我们所缺只在学问先未入门。未曾入，急求出，此是当前大病。若我们要知道或接受西方知识，此尚不难。所难者，乃在我们今日所遇到的时代问题。在乾、嘉时代，大师俱在，又是社会安定，并无许多大问题急待解决。故当时人做学问，病在能入不能出。今天情况既与清代乾、嘉时大不同，新的时代在急切要求我们，新的知识在不断刺激我们。而向前学术源流，一应古籍，多经清人整理，实亦易于探求。但自民国以来，苦无真学问真能应时代之需、身世之用者。千言万语，只是一病，其病即在只求表现，不肯先认真进入学问之门。从前清人读书，至少是知道谨慎小心，朴实不虚伪。而此种精神，又最为今日所缺。

今天我们做学问，应懂得从多门入。入了一门，又再出来，改入另一门。经、史、子、集，皆应涉猎。古今中外，皆应探求。待其积久有大学问之后，然后再找小题目，作专家式的发挥。此乃为学问上一条必成之途。此事从古皆然，并无违此而可以成学问之别出捷径者。从来大学问家，莫不遍历千门万户，各处求入，才能会通大体，至是自己乃能有新表现。即如古人文集，好像最空虚，其实包括经、史、子、集各方面学问，而融化了始能成一大家集。故读大家文集，实应为学问求入门一省力之方法。

八

总而言之，要求学问入门，必先懂得读书。读了此书，再读他书，相杂交错，头头是道，而后可以有所入、有所得，而后可以有所化、有所出。

实则此事也并不难，因时代愈久，则应读之第一流书转变得愈少。因其经时代之淘汰，从前认为必读的，现在却可不理会。但总有剩下的那些必读书，所谓"不废江河万古流"者，则仍然必读。即如前清末年，一辈学者，尚多翻阅两《经解》，始得成为一入流学者。在今日则不必然，哪里还要人翻阅两《经解》。但两《经解》中，仍还有几部是应该一读的。每一时代，每一部门，总有几部要我们一读的书。今天我们一切搁置不理，但却又不是像陆象山所说："不识一字，也将堂堂地做一人。"

今天的学者,似乎是在说:"我虽不读书,也可堂堂地做一学者。而且是一前无古人、后无来者之大学者。"那就无可救药了。

我今天所讲,只是要诸位在学问上能有入。至于做人一方面之入,我此讲暂为忽过不多及。只有关读书一方面之入,是我此讲所注意。我只希诸位能先多注意读书,且慢注意发表。能先注意求入,且慢注意能出。此是我此讲之主旨。至于最先所说,读《论语》,见得孔子学问只讲入,不讲出,那更有甚深义理,恕我不能在此讲出更深入一层之发挥。诸位只知有此一面,也就好了。待我有机会我将在此方面再有讲述。

(一九六三年三月八日新亚研究所第三十七次学术演讲讨论会讲。刊载于一九六四年六月五日《新亚生活双周刊》七卷三期。)

推寻与会通

一

我自去年起,所讲都是有关做学问之方法,今天仍讲的是方法问题。本题原用"推想"二字,今改为"推寻"。推想与推寻,大有不同,诸位听下自知。

学问所重在求知识,《论语》:

> 回也,闻一以知十。赐也,闻一以知二。

若使听人讲一句能懂得十句,或能懂得两句,此只是多少的问题。听人讲说,可自旁面、反面推想。如听人说此是甲,即知其非乙、非丙。如此推之,却变成闻一知百、知千、知万,实则并未有真知实得,超所听闻之外者。如知此物是甲,此属真知。若推知其非乙、非丙，实则非属真知，亦可说乃是一种强不知以为知，徒自欺骗，殊不足贵。诸位从事学问，首先不当看不起知识。但如何是闻一知二，或闻一知十？又如何能闻一知二、闻一知十？此层却值推究。《论语》孔子赞颜渊有曰：

> 吾与回言终日，不违，如愚。退而省其私，亦足以发。回也不愚。

"发"者，启发义。颜渊闻孔子语，能另开一路，或另辟一方面说之，此即有所发明。可见所谓闻一知二、闻一知十，并非听人家讲一句，懂得了两句或十句。从事学问，则断无此速悟之理。此待闻后退下细细推寻，或从反面，或从旁面，自有阐发。《论语》又云：

> 举一隅，不以三隅反，则不复也。

当知讲授不能一语遍尽全体，端待学者从所讲，自己反身自求。天下事理至繁，若死在句下，闻一只知一而止，此仅是记闻之学。记闻只是死知识，把别人知识如记账式般，登入账簿而已。最多只作口耳稗贩。从事学问该先懂得此"反"字，此即《孟子》书中"反求诸己"之"反"。为学、做人，同重此"反"。我下面则只从为学方面讲。

二

姑举一例，如说："汉高祖以平民为天子。"闻人说此，自可成为自己一项知识。但重要在退下去寻求。如试设问："历史上帝皇除汉高祖外，他们又都是以什么身分而获为天子的呢？"如此一问，则自然会在自己心上开出一条新路来。

当知举一反三，如云一角是直角，则其他三角亦必是直角；此非必然尽然之事。若遇见者是一方物，诚可因其一隅推知其余三隅。此是从偏得全，即犹颜回之闻一知十。十即是一"全"数。但在闻一知十之前，尚有闻一知二。闻一知二已甚不易，并非如我们所想象，听着一句话，即知话之反面，或有关此话之一切。当知在学问上，此等情形极少。即如学几何学，好像从几条定理即可推出一切。此亦待善推者。不学几何，即知了此几条定理亦无法推。而且几何定理多是假设，世间并无几何定理般之具体实例。即如说："二点之间最短者为直线。"其实，甚不一定。我们从事学问，求取知识，却不应只想推一概万。如此想法，多半会要不得。从此可知举一反三，也须一一的去反，不是一反便得了三的。

今再讲中国历代开国皇帝，以平民为天子者，前有汉高，后又有明祖，此是一知识。但若将其余各开国天子，从其出身加以分类，则所得知识自会更进。今再问："何以历代开国以平民为天子者仅此两人？此两人又何以独能以平民为天子？"如此推寻，便见问题迭出，而在每一问题之后面，实藏有一番新知识，待你去发现。

昔梁任公见西洋史有"革命"，因说中国史无革命。但如汉高祖、明祖，以平民崛起为天子，此非革命而何？若必说此等只是"造反"，并非革命，则试问此两人何以独能造反成功？其余各代何以造反者皆失败，而开国为天子者别有其身分？当知能发生一问题，自可寻出一知识。而此等问题，则皆由如"汉高祖以平民为天子"之知识牵引而来。此一知识乃我所闻，由"闻"而"知"。其他由自己"反"后所"发"。如此始可闻一知二，闻一知十。然亦非当下听了一句，即可知得两句或十句，学问绝无如此易事。此等皆在退下私自用工夫，由一件事、一方面，举一反三，自己寻求。不仅学问如此，做人亦如此。此即程子所云：

自能寻向上去也。

程子又有另一语云：

学者须会疑。

"会疑"便是"反"，便是能自发问题去推寻，结果才可闻一知二，乃至于知十。

倘使只听人家一句话，或只读一本书，把它记下，认为是知识；此如孔子问子贡：

> "汝以予为多学而识之者乎？"子贡对曰："然。非与？"孔子曰："非也，予一以贯之。"

今试问此"之"字何指？即所贯者系何？当知此"之"字非即是指道，所贯乃指上面之"多学"言。闻知以后必要求一贯通，"贯"犹一条索子，用来贯串散钱。如无散钱，则要此索何用？今诸位似乎只怕无此索子在手，但有了索子去串什么？又问究如何般串法？若已知中国史上，只有汉高、明祖以平民为天子，又知其他历代开国君主各以如何身分；你知得了这些之后，再把一两语来加以说明，这便将历史上历代开国，有一条线能把来贯串了；这便是读史后之一种启发。能如此读史，你的历史知识便可渐向高明。

当然有些事，前人早已如此般寻求过，亦已如此般贯串过。因此孔子又说：

> 多闻择其善者而从之，多见而识之，知之次也。

多闻、多知，此乃知识之第一步，能择是第二步。孔子又说：

> 好古敏求。

能敏求，是第三步。如是步步向上，归结则须闻大道。闻大道，始是"一贯"之最后境界。今若读《论语》，讲孔子之道，认为只以一"仁"字便可概括了,《论语》二十篇也不必句句细读。试问天下究有如此做学问之理否?

其实学问仍只是一求知。孔子又说:

温故而知新。

闻先生一语,此是"故"。你能知二,此在一之外又加一,乃属"新"。知一即知其故后,又要去温,去自反自求,如是乃可以知新。若只能温故不能知新,则仍只是在外面的记闻之知,并非由自己开发得来,有知只如无知。如此曷可为人师?为人师与稗贩究不同。诸位要讲中国历史、中国文化,乃及古圣先贤之大道,当知均须如此逐一推寻,逐一贯串,由温故中开悟新知。但却不该凭空思索,发大议论,成空言说。

又如"士"字,依文字学讲,是"推十合一"。善做学问者必能"推",推十只是推至极,推十而能合一,然后吾道一以贯之,这才成为一"士"。如何推法,应在一语、一知中,三反四覆地用功夫。如由"汉高以平民为天子"一语推去,推到明祖亦以平民为天子,又推到其他不以平民为天子者,愈推愈广,把历代开国帝王全推尽,再合来成一束,便成一"新知"。此种新知,很多为别人所早已说过的,但因由我自己推来,则终不失为我自己之心得。做学问最简要方法只如此。扼要言之:要"推寻",要"会通",要"自能寻向上去"。如此亦即孔子所谓"下学而上达"。

推寻与会通

三

今再根据上面所讲，举些具体例来说明。

最近我曾写过两篇文章，前一篇讲的魏晋南北朝，题目是：《略论魏晋南北朝学术文化与当时门第之关系》。后一篇尚未脱稿，讲的是元末明初，题目是：《读明初开国诸臣诗文集》。古人说："鸳鸯绣出从教看，莫把金针度与人。"诸位读书莫只看鸳鸯，应看他的针。我今且把我写出此两文之针线，约略说与诸君。

魏晋南北朝人尚清谈，看重庄老思想，此语人人能说。或说当时门第有政治、经济两方面之背景，此一层亦人人皆知。我前一文只是由此再去"推寻"。先问当时重庄老，是否更无人讲孔孟？此问题一寻即得。乃一寻之下，适得其反，当时经学却极盛。"十三经注疏"泰半出于魏晋人之手，而且王弼讲《老子》，同时注《易经》。何晏讲《老子》，同时注《论语》。郭象注《庄子》，同时亦尝注《论语》。何以庄老盛，同时孔孟儒家及经学亦盛？此层又须推下。

今再问，一个家庭只赖政治、经济特优背景，便可维持数百年之久于不坠吗？此从常情常理讲，应不如此简单。于是再得推寻。推寻之下，发现了当时门第中人都极重讲"礼"。然后又问庄老反礼，当时人崇庄老、尚清谈，为何又爱讲礼？从此又得推寻。此处我却要告诉诸位一极关紧要之处，即诸位且莫凭自己意见。换言之，即是莫凭自己空想，即对问题加以解答或批判。当知此类问题之答案，实即摆在你面前，一切有凭有据，只要肯去推寻。推寻时自然要运用思想，但所谓运用思想，其实只如一条线，指你向前，指你一条寻求的路。当你向前寻求时，却须步步从实处迈步，读了此书再读那书，知道了这里再求知道那里，如此寻下去，自然会有答案。因此答案即新知，必由温故而来，即是由实处知识来，并不是由你凭空想得来。所以孔子说：

> 我尝终日不食，终夜不寝以思，无益。不如学也。

待你得了此答案，接着又会来新问题。于是又须向前，又须继续寻求。如是才始能"推十合一"，得出一十足完全的答案。

此之所得，当然要运用你思想。思想如一条线，随时随地指你向前，所以谓之"思索"。但主要须向实处索，切莫索之冥冥，凭空思索。我如此一路思，一路索。一面温故，一面知新。乃知当时魏晋南北朝人既讲经学，又更重讲礼，讲孝悌，讲家规门风。又知魏晋南北朝人亦重史学，并重文章。凡此之类，皆与庄老思想并不在一条路上。但魏晋人重庄老，此亦是一事实。且当时复有佛教羼入。佛氏讲出家，又与魏晋以下人重门第不同。如此愈寻愈复杂，于此一复杂情况中再推寻，终于得出一结论。诸位听我这番话，再去读我那篇文，则不仅看到绣出之鸳鸯，而且我已将绣此鸳鸯之针线，度与诸君了。

其实以上所说，只是朱子格物穷理之教。朱子教人：

> 今日格一物，明日格一物。莫不因其已知之理而益穷之，以求至乎其极。

魏晋人崇庄老是已知了，但须因其已知而益穷之。是否他们便不讲儒家经学呢？此是又一物了，须你明日之再格。若仅凭自己悬空推想，讲庄老，自然不讲儒家经学。那是只格一物，不再格了，又如何说得上"益穷之"呢？此即是孔子所谓"思而不学"呀！又如你只读《三国志》，读《晋书》，读《南北史》，读王弼、何晏、郭象诸家，又读"十三经注疏"，尽读尽记，却不用思想，不知道这里面有问题，那又是孔子所谓学而不加以时习了。诸位把我此次所讲，再去细读我那篇论文，自应有所体悟。

上文我久已写完。今年我又另写一新篇，即《读明初诸臣诗文集》。我在十年前打破头，在台中养病，对此文已有一腹底。去年冬，我胃痛复发，尝翻读明初各家诗文集作消遣，而遂决意下笔写此文。

我们讲文学史，常说唐诗、宋词、元曲，此话固是不错。但诸位不可由此凭空推想谓元代只有曲，更无诗文名家。这又如因知魏晋人崇庄老，便轻谓他们不讲儒家经学，这就大误了。只因你有了一项知识，反而害你引生出许多误见。其实元明之际，诗文极盛，名家辈出，而且他们各以"文统""道统"自负，自谓上溯宋唐、直跻两汉，而远攀西周。元曲在当时，只是流行于一般社会民间，而在元人诗文集中，则极少提到关汉卿之流。今日浅薄的讲文学史，误认为在当时新的已推翻了旧的。好像元代当时人，便只知有关汉卿等曲子一般。可知凭空推想，断无是处。若你知道元曲盛行，有关汉卿等，不随便推断，却能在心下推问，那么这时关于传统诗古文方面又如何呢？如此一问，再照此问自己寻去，则元代诗文集便赫然都在你目前，你始知所谓"不废江河万古流"，当时文学主干依然仍在。元人并非只有曲，曲则如老干上发了新芽般。

亦有人推想：唐宋盛行科举，故人皆致力于诗文。元代科举中断，文人乃皆转移兴趣来写白话的民间文学。此说只是凭空推想，其实无史实作证。亦有人说：蒙古人轻视中国文化与士人，"九儒十丐"之说，见于陶宗仪之《辍耕录》中，可见确有此语之流传。但中国士人传统，在元代仍存在，只看《宋元学案》元儒诸卷，便可知元代有多少理学家。再考元代人著作，如看清钱大昕《补元史艺文志》，论其数量即至繁夥。经学在元代并未衰落，抑且较之后起明代为盛。此处只一读朱彝尊《经义考》便可见大概。又，《通志堂经解》中收刊元代人著作今俱存在，可知元代并非无儒。元人固不重用儒，但不能凭此推想即谓元代无儒。

四

以上所说,只是告诉诸位,凭空推想是要不得的。如知元曲盛行,便推想元代诗文都衰了。如知九儒十丐之说,便推想元代无儒,或儒学不振之类。做学问重要应在能推寻。如知元曲盛行,便去推寻元代诗文怎样?如知九儒十丐之说,便去推寻元代儒家及儒学怎样?却不该束书不观,游谈无根。单凭一点知识来悬空概括其全体,你就为此一点知识误了。你对此点知识外,其实是无知识,无根据,却凭空发大理论,这些理论则只是你的想象和意见,事实并不如此。此层不可不知。

又如元人不依科举用人,不重儒,而又把中国人分为"汉人"与"南人",压在蒙古人、色目人之下。当时南人是在四界之最下,最不被重视,或可说是最受压迫的。但当元时,南方学术却很盛。当知中国历史上,列代开国,儒生文人最多的,只有唐与明两代。而明初较之唐初为尤盛。大家都知如宋濂、刘基、高启等,皆浙江人。在明代开国时,此许多学人均已成学。换言之,其成学皆在元代。元人不重儒是事实,元政府不重用学人又是事实,元代却尽有儒生与学人此亦是事实。此辈儒生与学人如何存在?如何发展?于是不得不联带来推寻到他们的经济背景。由此问题追寻下去,便得明白元代之社会实质与其经济情况。这又牵连到另一问题上去。只要有了问题,自会得答案。而此项答案,则必是一项新答案。这即是孔子所谓"温故而知新"。一连串的问题与答案,则只从《辍耕录》中"九儒十丐"一语引起。可知只要把握得一条思想线索,则自会寻向上去。但此并非凭空冥想。此层则须注意。

昔章太炎曾云:

> 历代开国之正,莫过于明。

此语实涵有甚多道理。如何是开国之正,如何是开国之不正?其实章氏此语,明代人早已言之。在辛亥革命前后,大家说:"驱除鞑虏,恢复中华。"好像在元末明初一辈儒生文人应该大家反对胡元,赞成革命。哪知稽之明初史实,却又适得其反。

十年前,我在台中养疴读书,无意中知得有很多儒生与学人,都拒绝了明代之征辟。明祖思贤若渴,尽力网罗儒生与学人,此是事实。但明初诸儒对元、明易代,心情上并不兴奋,甚至有抱冷静态度乃及反抗意志的,此又是事实。此一事实,岂不远出我们推想之外!凭空推想之要不得,此又是一绝好例证。

我在去冬胃病复发,只随手翻读些元、明之际的诗文集作消遣。因此却见到当时儒生有为元死节者,有拒不与明祖合作者,有勉强应征以至不久即力求归隐者,有身仕于明而笔墨歌颂仍在胡元者。由此再引起我十年前在台中养病时所得之旧印象，想把元、明之际此一时代儒生学人之内心观感，从其诗文集中钩勒出来，为他们当时的士群意态描绘一大轮廓。这是我动笔写此篇《读明初诸臣诗文集》的动机由来。我此文主要乃在由文考史，专从诗文集中来发挥出当时的史情，即当时的时代心情来。此却可称为别开生面。诸位听我此番讲演，再去读我论文，便知那绣鸳鸯的一套针线工夫，究是何从下手的。

我此文所发明，其实有许多话，前人早已说过。如钱牧斋《列朝诗集小传》中，将刘基一人之诗文集分别列于"甲前集"与"甲集"，此乃一极特殊处。其在元时所作置于"甲前集"，入明后所作者置于"甲集"。若将此前后两期之诗文作一比较，则刘伯温一人前后心情之转变，便再难掩藏文饰了。

当时亦有人劝刘基起事，刘氏答以：生平最薄张士诚、方国珍所为，而峻拒之。在刘伯温心中，此等皆属"草寇"。但当时一辈草寇，却都极力延致儒士。即说到明太祖，其竭意网罗士群，实也和方国珍、张士诚没有很大差别。太祖曾谓刘基、宋濂、章溢、叶琛曰："我为天下屈四先生。"此一语大可玩味。明称此四人为先生，固是极表敬礼。而下一"屈"字，更有意义。可见此四人之出仕，实是"屈"了。明祖代表草寇，即平民。此四人代表士群，即儒生与文人。士人参加当时革命，在当时双方心中，都觉得那辈士人是屈了。此中却有一绝大问题，可知当时士群与平民间，实大有泾渭清浊、丘岳高下之分。当时奋起革命反抗胡元的,只是一辈平民草寇;而一辈士群对之则甚为淡漠,并有尽想把此辈草寇平民削平来维持胡元的,刘伯温即其中之一人。

此处牵连到两大问题:

一是上面说及元代之社会实质及其经济背景。

二是当时儒生文人以文统、道统自负的,他们之学术渊源及其思想系统。

此两问题若求深入,实对了解当时历史有甚大关系。但我此文在此方面,则并未深入,没有继续追寻下去。我此文,只求将当时士群之内心情态揭发出来,专拈此一点,为我文之主题。但为此已化去不少笔墨。若要继续深入,则不得不另造专题从头再说。

五

近人写历史论文,有些都有意好做翻案文章,此事实在要不得。以前人写下的历史,实在也无很多大案可翻,但我们却可从前人所没有注意的旧材料中来开拓新方面。如我此文,从明初诸臣集来考当时士群之内心情态。此一方面,若专读《明史》,自不鲜明详尽。因此说这是另开了一面。又如从《元典章》及当时诗文集中,来推寻当时的社会经济,此又是一方面。我们再把此诸方面会合起来,自然所得与只读《明史》不同,此便是"推十合一"。但如此推寻下去,也并不是说可把《明史》推翻了。

今再说中国一部二十四史，已感令人无从读起，如何又要从正史再多开方面到诗文集及其他书籍中去，岂不是穷老尽气，白头而不得所归宿吗？当知如此便又走上务博记闻之学上面去，此却并非我今天此番讲演所要提倡的。我只盼诸位能懂得"推寻"，能自有一思想线索，逐步推寻过去。学问要各人自己懂得如何运用其智慧及思想，则正在这等处。

又如洪武十八年有《大诰》，其中有"寰中士夫，不为君用"之条。可知当时士群内心，并不对新朝革命感大兴趣。因此又牵连及于民族思想，所谓"夷、夏"之辨，似乎当时士群，于此多淡漠忽忘了。这上面当然又是大可研究。若我们能由此推寻上去，把元人入主以下这七八十年中，中国士群对于民族观之转变，能寻出一条线索来，自然更是极有关系了。

讲至此，我才懂得黄梨洲《明儒学案》以方孝孺为明初第一学者，而又把他列入《诸儒学案》中之所以然。《诸儒学案》是学无师承的，但方孝孺有师，岂得为学无师承！宋濂是方孝孺之师，又是明初开国第一大学者。但在黄、全两家《学案》中，却把宋濂置在《宋元学案》中。把宋濂认他是元儒，而把方孝孺认为是明初第一大儒，又是学无师承。可知此处实有极大意义，大可阐发。

我读《方孝孺集》，其中有两篇大文章，一《论正统》，以为统有二：一正统，一非正统。中国历史正统，南宋之后应属明。元代虽统一中国，然在中国为非正统。此一理论，由方氏正式提出。此一问题，在我们今天想来，好像平淡无奇。但若我们能从头一读明初诸臣集，便知方孝孺此一问题，在当时实可震动一世。明之为明，要从方孝孺起，才始在中国人心中有了一正大光明的地位。此问题若牵连向上推寻，一读《杨维桢集》中之《正统论》，此在元末也是震动一世的。自有杨氏之《正统论》，而中国人心又一变。若我们再从杨维桢所主张的正统论向上推，便知另有一种正统论存在于当时人心中。如此一看，在我们此刻心中，认为中国史家讲正统、非正统，全是陈腐没意义的，那却又是大错特错了。

方氏集中又论唐、宋文章，他认为宋文价值应远在唐文之上。韩、柳之文，在方氏评价中，并不甚高。此又与元末明初诸文士之文学观点大异其趣。但不幸方氏在永乐朝遭受极祸，此下明代文人又转入了另一条路，要讲"文必秦汉，诗必盛唐"，那则又是另一问题了。诸位若能从我此时所指出的，自用思想自己去推寻，其中自有许多新问题和新知识，却为从前人所未理会到者。

六

我此番所讲，主要在劝诸位做学问不可看轻了知识。知识不专是记闻，却贵有"新知"。新知贵能自用思想去"推寻"，不可误认凭空推想即可得知识，此只是想当然。想当然之处，须就事实去检查考订。各人才性相异，兴趣所偏亦不同。因此各人之思索路向亦尽可有不同。但各人都该懂得推十合一，求其能到一以贯之的境界。所贯有小有大，先从小处能一以贯之，再推寻向大处。若在大处亦能一以贯之了，此即朱子所谓"一旦豁然贯通，而求至乎其极"了。因此我说，朱子教人格物穷理之学，实在不可忽。做学问固是该能善用思想，但也该有材料、有根据、有证验、有贯串。此应灵活推寻，由此及彼，发现问题，自可求得答案，增益新知。此则程子所谓"自能寻向上去"之真实用功处。请诸位注意。

今天许多人多就历史来讲文学。我此所讲，则以文学来讲历史。此即是我所谓从入之门有不同。盖文学乃是各人自己内心之表现，故读历史须注意人物，研究人物又必须注意其诗文集。此只是读书做学问之一端而已。我只为诸位举例，贵乎诸位之自能举一反三。

现在再说：做学问不能无师承，又不能离书本。"十室之邑，必有忠信如丘者焉，不如丘之好学也。"要学，如何不从师、不读书！但也不可拘泥，仍应多以古人为师，自运思索，触路旁通，由近及远，如此才可见出自己之真性情而得真乐。益进而深求之，则可接触到学问之大体系而明其大道。推寻再推寻，会通再会通，将来或可成为你自己一个崭新的学术整体。其实只从一点一滴，一个一个据点上推寻出来。即所谓："今日格一物，明日格一物，莫不因其所知之理而益穷之，以求至乎其极也。"做学问如此，做人亦然。此层有待诸位自己体悟，恕我不在此番演讲中再及。

（一九六三年五月十日新亚研究所第四十五次学术演讲讨论会讲。刊载于一九六四年六月十九日香港《新亚生活双周刊》七卷四期。）

谈当前学风之弊

一

一时代有一时代之风气,所谓时风众势,可恃而不可恃,可畏而不可畏。西方历史上,军事政治如亚历山大、拿破仑、希特勒、史大林、赫鲁雪夫,前后诸人,名震一时,而败不旋踵。其学术与政治分别进行,学术转变趋势之快速,则较之政治更有甚者。以中国史言,学术、政治每相联依。如历代科举考试,轻重高下,各有变迁,但其变则较迟,不如西方之快速。即如清代,苏州府曾有一人,于秀才、举人、进士三次考试,均获榜首,在城中学宫旁有"三元及第"之牌坊;但苏州人仅见此牌坊,早忘其姓名。制度如此,风气亦然。但两者间虽有相关,亦有隔阂甚远者。论其影响,则社会风气实更要于政治制度。

中国每一时代之学术，亦自成风气，时有变迁。如明代晚年，归有光讥王世贞作为文章，乃妄庸巨子。在当年无人不知王世贞，但后世则无人不尊归有光。风气变，学术亦即随而变。江河不废万古流，学术自有其长久之传统，而终传承不变者。开创一时代之新学术，或在其人生世并不获享盛名，甚至身后较近亦然。有经历长时期，而其名乃显，其当身所提倡之新学术乃始获盛行。专以文章论，前之如唐代韩昌黎，后之如明代归有光，皆其例。

文学最易感动人，其情势尚如此，其他不胜举。又如宋代程、朱提倡道学，在当世皆曾受朝廷禁锢，斥为伪学，而其后终获盛行。尤如考据学，具体客观有凭有据，但如清初顾亭林所著《日知录》，其书亦历久始显。

治中国学术史，乃知一学术之兴起与流传，莫不有其内在不磨不灭之价值。而此种价值，每与其当代之时风众势不相并立。故一代大学者，必能卓越流俗，违抗风气，而有所建立与转移。治学术史者，每注意各时代少数卓越传后之人物。而当时之时风众势，一时煊赫，而终归消失之人物，则每不加注意，任其消失。时代变斯学术亦随而变。一时代则必有一时代之新人物与新学术。而亦有陷其自身于时风众势中，与其时代同归消灭者。此等人物，乃概与学术大传统无关。

兹谈当前学风之弊，非属好辩，乃属孟子所谓之"知言"。惟知言乃能养其浩然之气，而不为时风众势所攘夺而转移。

每一时代学风之弊,并不一致,须能各别指出其每一时代中心病根之所在。当前学风之最大弊害,则在于"学"与"人"离,"学问"与"为人"判若两事。仅知为学,不知为人。此在西方则视若当然,而中国乃大不然。中国学术传统,为学、为人紧密相连,不相违离。抑且为人是"主",为学是"副"。为人乃其"目的",为学则乃其"手段"与"过程"。故学者之重其所学,必当重视其所治学者之为人,远过于其为学。即文学、字画、杂艺、众技皆然。经史百家之学,则义更当然,可不待论。

当前之新学术,远从清代道、咸时期起。如龚定庵提倡今文经学,乃云:"但开风气不为师。"但此后如曾国藩、陈澧、朱九江诸人,其学皆远有传统,其人则皆巍然为一代大师,决非但开风气而已。

后起由四川廖平而转入广东康有为,乃有《长兴学记》《孔子改制考》《新学伪经考》诸书,而其风乃视定庵所言而所变益甚。又有《大同书》,乃是以其一己之托古改制,大胆妄言。古人之学,乃尽供其一人作为疑古辨伪之用。此后廖平已自变其说,而康氏则坚守不变。其对当时之政治,则既反传统,亦反革命。但知保皇,而加之以变法。清室既亡,康氏又主复辟。失败后,藏身北京荷兰公使馆,而其旧著作《新学伪经考》乃一时风行,又重加翻印,群相传诵。钱玄同、顾颉刚诸人乃随之又有"疑古运动"之兴起。

康有为同时有章炳麟,幼年从学于俞曲园。以赞成革命运动下狱，重读佛经。其对经学则与康氏《公羊》今文经学唱相反论调，主张古文经学。又著为《国故论衡》一书。前清诸学人曾创《国粹学报》，称引清初晚明诸儒，于当时提倡革命大有裨益。而章氏则改"国粹"而为"国故"，继之曰"论衡"。"论衡"二字，则东汉初年王充著书反对孔子之旧名。章氏又有《訄言订孔篇》，又有《菿汉微言》一书，以儒、佛相比，孔子地位乃远在释迦之下。故其学虽反对康有为，而其轻视孔子，则实更在康氏之上。此两人，在民初称两巨儒，则此下学风不问可知。

康有为门弟子梁启超，最为当时一青年杰出人物。与其师康氏同遭戊戌政变，脱身逃至日本，创为《新民丛报》，遍行全国。又编有《中国六大政治家》，凡在中国历史上提倡变法之人物，梁氏则均推之为政治家，共得六人。其后返国，在北方军阀政府下任职。袁世凯称帝，梁氏与蔡松坡同赴西南讨袁有功。此后乃在清华研究院讲学，自称当不再涉足政治。欧洲第一次大战兴起，梁氏著有《欧洲战役史论》一书。战争结束，梁氏亲赴欧洲，又著《欧游心影录》一书。此两书对欧洲文化已有极深细之探讨与批评，但晚年又著《近三百年学术史》一书，则仍守其师康氏之说不变。惜不久身亡，年尚未及六十。诚堪谓中国近代学术界一大堪惋惜之事。

梁氏生平为学，谨守中国师道大传统，绝不违背其师康氏。但其学术见解随年俱进，实多有远出康氏之上者。晚年在南京中央大学讲演，提倡中国政治为"礼治"，与西方之"法治"对立。此对近代中国讨论中西文化异同，当为一极大贡献。尤其著《欧游心影录》，针对欧洲文化疾病有所批评发挥，亦堪为近代深慕西化者一忠告。

民国现代学人，介绍西方学术思想，有其相当贡献者，尚有严复，传译英、法民主，如《穆勒名学》《群学肄言》等书。而更要者为《天演论》一书，在当时中国思想界发生了极大影响。又有王国维，与梁任公同时驻讲清华研究院，其早年曾著《静庵文集》一书，提倡《红楼梦》，谓为中国式恋爱悲剧，极具时代影响。其他如《人间词话》《宋元戏曲史》，皆于近代提倡新文学白话文有贡献。其治甲骨文，则为当时地下发掘工作一显学。惟其为清逊帝宣统师，乃至留辫不剪，甚至投昆明湖自杀，此则以一中国革命后之平民学者，而转为亡清一遗民，其不明时代潮流、民族大义有如此。此诚大堪诧怪惊异之一事矣。

任公、静庵清华讲学稍前，北平各大学乃有"五四运动"，随至有"新文化运动""青年运动"等。提倡科学名之曰"赛先生"，民主政治名之曰"德先生"，而并未在赛先生、德先生两方实际用力，却专在菲薄中国传统文化、打倒国故、打倒孔家店、打倒旧文学，在破坏中国传统文化方面实下功夫。于是线装书扔茅厕，废止汉字，作罗马字拼音，全盘西化等口号与工作，乃不胫而走，一时成为全国之新风气新潮流。但其所提倡之"全盘西化"，实则从西化言，并非全盘，如不提倡西方之宗教，又宣称"打倒玄学鬼""哲学关门"等；此在崇拜西方学术上，先已打了一个绝大折扣，可谓早已气衰。于是乃继之而有毛泽东之共产主义出现。

要而言之，当时高呼西化，实仅属门户，绝无师承。有专门之分别，而无通盘之大义。有派系，无通论。不仅不讲中国传统，于西方传统，亦自立门户，强加分别，不相统一。故当时讲西方传统，真得成为一专门者，乃惟有马克斯一家。惟此一家实际已尽转在政治一边，而与学术思想已相远离，全不关涉，乃仅成为一种革命。

今再综合言之，当时之文化革命，只作问题研究，无专书选读。只重发表创造，不求学问承继。提倡西学，而也不看重翻译。五四时代一切口号都已在清末鼎革前后下了种，伏了根。五四后研究主题，都承续鼎革前后而来。主要者如《墨经》，如佛学，如疑古，如甲骨，王安石、张居正、《红楼梦》等，岂不皆在五四前早已喧嚷？

五四运动称道五四以前学术界人物，最受当时大众重视轰动者，如谓戴东原反理学，章实斋反经学，崔东壁疑古等。其实此等皆有问题，深细论之，并不尽然。

又从来从事研究学术之三步骤：一、崇信古代一位两位学术人物；二、专意一部两部传统巨著；三、划定一范围探究一个两个研究题目，此一题目则与全部学术大体有关联，如清代之汉学、宋代之理学、唐代之古文运动、魏晋清谈等。与今之新文化运动相互间俱不同。在彼皆有内容，而新文化运动则只在打倒旧文化，实无具体内容可言。

故所谓新文化运动,只言方法,不指途径。只有题目,不问体系。近代学术思想,只"空洞"二字可包括尽净。其不能有成效,亦不烦深论而可知。然则今之中国学术界果当何所建立?又何去何从?岂不仍待我国人当前之一番深长思虑,从头建立。而岂一任空洞,长此学绝道丧而可以安身立命乎?幸我国人其再加深思之。

二

辛亥革命、新文化运动、抗战流亡各时期,学术风气一贯而下,并无甚大之相异。亦可谓均属时代影响,并无学术建立。抑且时代愈下,学术愈坏。要而言之,近代中国乃在一学术衰退时代中,仅见有时代影响,不见有所谓学术,更不论所谓超时代之学术。但亦可说仅属时代风气,并无学术内容;其对时代实可毫无影响,或仅可加添些坏影响。时代过去,所谓一切学术,亦成过去,不复存在。学术如此,人物亦然。林林总总,尽是时代下之人物,对时代不能加以匡救斡旋之功。

如西汉公孙弘,此乃迎合时代一人物。董仲舒则为一超时代,乃至创造时代之人物。上至如战国时代,苏、张纵横,亦即时代下之人物。同时儒、道讲学,乃始为超时代之人物。近世如孙中山乃超时代创造之人物。袁世凯则为一逢迎时代,乃时代下之人物,亦可言即时代所形成之人物。又如康有为、章太炎、梁启超、胡适之等人，其人之时代性实亦超过了其学术性。而如柯凤荪、王先谦、孙诒让诸人，可谓其带有学术性，非时代性所能包括。故每一人物，均可于"学术性"与"时代性"上加以分别。

大体而论，中国文化传统栽培人物，主要在学术性，非时代性。而西方则正相反，可谓其看重时代性更超过了其学术性。惟其如中国，人物之学术性超过了其时代性，故能文化绵延，以达于五千年之久；惟其如西方，时代性多超过了其学术性，遂使其时代多变，而文化亦随而变，无长时期绵延不断之精神。故中国人好言"传统"。而西方人则多言"变化"与"进步"，对中国"传统"二字非所重，抑且亦非其所知。此乃中西双方文化一大相异处。

近人对时代每称"潮流"。中国文化绵延，乃有"传统"。而西方之所谓时代人物，都从潮流中产生。中国之所谓学术人物，则从传统中产生。时代潮流多属"新"，而学术传统则必属"旧"。故西方人重新时代、新风气，而中国人则多重视旧传统、旧根柢。中国之所谓学术人物，虽在此时代中出现，但由传统中产生，不得谓其乃由此时代所产生。只是时代新、潮流新，亦未能酝酿出新人物、新学术。故在西方，乃见各时代之学术，时而兴，时而亡。在中国则学术自成传统，实非由时代所产生。故各时代中之学术，未必能应付此时代。乃为近代国人所轻视。而孔子则有"道不行"之叹。当前之大陆，尽弃全国之旧，而惟西方一时髦是趋，更堪为证。

谈当前学风之弊

学术随时代而起灭，则无独立性，亦无"承先启后"之传统性可言。亦可谓仅有其当时之适应性与反抗性，而无历长期永传之存留与持续性。今人仅知重革命性，但革命非即开创，非即建设。自中国传统言之，须能真开创、真建设，乃得成为真革命。此种革命性的学术，其在时代中转若见有一种破坏性；在永远大流中，乃见有一种传统性与建设性。此如汤、武革命。其实桀、纣之恶，亦不如是之甚。在西方学术界，乃仅言开创风气，而不言传统师道。重开创，轻传统，此诚中西文化之大相异处。

清代中叶，龚定庵言："但开风气不为师。"中国历史上，独师者非仅开风气于一世，乃可有师承传统绵亘于百世。其仅开一时风气者，则既非前一时代所遗传，亦不为下一时代所师承。康有为之为学，即继承龚定庵来，而早不尊定庵为师。同时如章太炎，本奉俞曲园为师，但其后下狱，专心诵读佛经，即已弃其师承。故在当时，康、章二人，皆仅传有弟子，而不再有其所师。但二人之政治立场则远不同。就当时一般情况言，也可谓政治变，学术也随而变。故康、章二人，实际上亦不得谓其真有弟子传人。即胡适之亦然。虽其提倡新文化运动，一时风气披靡全中国，若无与伦比，实则亦无真传人。一时人物皆在风气潮流中产生，而实无学术传统可言。中国人之所谓学术，则必当能超乎风气潮流之上，而有其独立存在、承先启后之意义与价值。不能仅在风气潮流中出现，仅随风气潮流而俱变，此则不得谓之真学术。

康、章、胡三人，皆可谓中国近世"时代人物"而非"传统人物"一好例。后浪逐前浪，迄今皆已成过去，其具体情实，岂不昭然可睹！

胡适在北平时，又曾称章太炎为"死老虎"。其实胡适离开北平后，岂不同样是一死老虎？平心而论，章氏在学术旧传中，尚能少有陈述，而胡适则远不能与章相比。其所为《中国古代哲学史》一书，称述先秦诸子，大体因承章氏《国故论衡》之意，惟文言、白话有所不同而已。

同时梁任公，则颇能随时发挥学问心得，自有其新境界。惜其拘守中国尊师一旧传统，终其生不肯明白违反康有为。此就另一端言，亦可谓乃中国学人一美德。但于时代贡献则颇有所损。故虽时创新见，而终不能畅所欲言。如其倡为《新民丛报》，又改创《国风报》，创刊辞中，谓英国、法国各有其不同之国风。则中国之亦当自有其特殊国风，岂不断然可见？此当谓梁氏当年一大创新，而梁氏终不肯自畅言之。又如其在世界第一次大战时创为《欧洲战役史论》，于西方此项战争之演进，创痛所在，亦不可谓其无真知灼见。及战争平息，亲赴欧洲，归为《欧游心影录》一书，更能进而批评西方文化之病痛。此实可谓乃当时国人惟一大创见。又如其主张中国传统政治，乃"礼治"非"法治"，剖辨中西文化异同，更为深见卓识。其他不遑一一详说。平心论之，梁氏实可谓中国现代传统学术人物，非仅一时代人物。

余自幼年即知有任公姓名，但误会其乃一历史人物。年十三，投考中学回家，获读任公文字，始知其尚在人世。年十八，民国元年新春，读其《国风报发刊词》，大加崇拜。嗣后，乃于任公文字无不一一细读。深恨余初赴北平时，不幸任公已辞世，始终未获有一面之缘。又恨其享寿不永，卒年未及六十。果使任公健康，活到七十八十，不知其学问思想又将达何境界？又恨其虽曾获与孙中山先生晤面，而限于师承学统不同，与中山先生终有扞格，不获畅有融通。苟其幼年时，早获良师，使其学有正传，则孙、梁二人之相见，对中华民族前途岂不大有希冀？任公天姿聪颖，当可上与孔门颜子并美。不幸幼年从师非人，否则岂不乃我中华民族当前一大幸。悲哉苍天！尚复何言。而余之不获与任公一面，亦余毕生一遗恨，谨志于此，以告读者。

今再综合言之，康、章、梁、胡只受时代之捧，无学术传授，无后起学人之踵兴。在此时代，师道沦亡。有时代师，无学术师。有世俗师，无传统师，更无大师。学者都追随时代，非有师承。求变求新，都不能承先启后。追随风气，而非能卓然自守与超然独立。更不能创造开新，自辟天地。人人亦仅以追随风气而慕为一时代之学者，但并无能自守独立，为一时代中之真学者。故当前一时期，乃可谓实无人能当一大师风格，才使人与学离，学与人离，又复学不成人，人不成学。学绝道丧，是诚当前一至堪悲痛之事。

学有师承，乃有传统。所谓师承，有当时之师，也有上追古人为师。如北宋二程，其当身之师为周濂溪，为胡安定。

上追古人，则可谓其真有得于孔、孟不传之秘。又如南宋朱子，当身之师为李延年。上追古人师，则为二程，为周、张，更上为孔、孟。有师承乃成其学术。于当代则成为一开创，为独立，为新兴。

时代中有问题，由时代问题开创出学术生命。时代不同，问题不同，所开创出学术新生命、新精神、新面貌也各不同，但仍不失其由旧传统来。时代中之学术，有传统性，非即时代学术。故凡成为一守先待后之学者，必有其时代，有其师承，有其传统。此种学术虽与时代相结合，而时代既过，其学术仍得继承，传统不息，成为一民族文化之永存。仅是时代，造不出学术来，造不出文化来。如非洲人，岂不也是各有其时代，但亦可谓非能真有其时代。有时代，则必有传，必有新。无传无新，此非真时代。既无真时代，亦无真学术、真传统，又何得言文化？

如希腊之苏格拉底、柏拉图、亚里斯多德，著书立说，后世尚传，一如其人尚存。而希腊之时代与文化，则扫地已尽，无再留传。印度佛学亦然。学术与时代隔离，则如失去了生命。如苏格拉底、柏拉图、亚里斯多德诸人，在欧洲中古时期，亦曾发生了些影响。佛教在中国南北朝以下，亦同样发生了更大的影响。但其学术已与另一社会、另一民族文化相结合，而与其本生之社会与时代及其民族传统文化之原始生命则已隔绝。飞龙在天，与其在地为潜龙，犹是此龙，而一潜一飞，则大不相同矣。

学术风气亦与时代风气不同。时代风气一过，即失其存在。但学术风气可不随而消失。如宋代理学，如清代乾、嘉考证学，此种学风，仍为后人所仰敬与承袭，所谓师法犹存。但如辛亥民初到"五四"时代之学术风气，则事过境迁，不再存留。因其只是一时代风气，而非有一学术内容。学术内容由师道来，时代风气中则无师道、无内容，乃不能有传统。故时代人物迨及下一时代，即彻底翻新，已不成为人物。如战国时之苏、张与西汉之公孙弘，在其当身岂不亦是一人物？而身没即已，亦可谓已与鸟兽草木同腐。真为人物，则必当有其不朽处。中国古人以立德、立功、立言为"三不朽"，立德乃其首，立言则仅其末。学术之不朽，乃在德性上。此诚有志好学者所当首先了解而首肯之一义。

在时代中同是一人，时代一过，则人生亦同归消灭。而消灭中则尚有其不消灭者，故学术乃为时代之灵魂。而具有学术之人物，则为每一时代之主脑，不随时代以俱尽。学术相传，乃成文化。历史与时代，则仅是文化大体外面一躯壳、一形象。乃形式的、物质的，非灵魂，无生命。亦可谓其无主宰，无内容，无本真意义。天地自然一切变化，亦仅是一外相，永远仅是一变化。寒暑昼夜，风花雪月，可称是唯物的，须加进一神魂、一主宰，即是一上帝，始有生命实质，始有内容意义。中国文化传统则并无明白提出此一上帝之名称，即人生情感，即德性，即仁道，即学术师承，便已不啻一宇宙中之上帝。故中国有师道，而无宗教。此又中西文化一大相异处。

西方宗教家在自然变化中，必求建立承认一上帝。中国学者在学术变化中，找出一人类之性情与师道，传统因袭，即成此文化传统之灵魂与主宰。学者须学得此灵魂与主宰。自中国人言，则其实即在己，在己之心。如此乃有入门，乃有归宿。惟此乃为真学术，亦即真生命与真文化。其主要精神则在学者之能反己以求而自得之。故师道不在远，即在己心。而学者之患，又在好为人师。此则又当深思而明辨之。

西方自然科学亦是超时代的，同有师承，有传统，有其生命与主宰。但自然科学与人文科学，一属外，一属内；一唯物，一唯心。两者绝不同。然亦同样可影响时代，而不为时代所影响。时代消失，自然科学之传统仍可不消失，依然存在。惟西方则为唯物的，此与中国人尊师重道之重于各自一人之内在唯心者又大不同。西方个人主义则仅主"人身"，中国大群主义则主"心即德"，或谓之"性"。西方此种传统，亦可超时代而存在。惟既属个人主义，又主性恶论，乃只能视之为一外在之物，与中国人之"道统即心统"大不同。

以上乃陈述了世界人类学术真生命之两大端，一为中国传统之"人文精神"，一为西方传统之"物质精神"。惟其为人文的，遂重旧、重保守。惟其为唯物的，遂重新、重开创。中国自辛亥民初以至五四，一意崇扬西化，而实同样违离此两大要素。打倒传统，无师承。时代革命，无追求。只有一番风气，形成了一股力量，流向时代之浮面行动方面去。而又惟知自谴自责，对他人不知真实效法。仅有对己消极方面，并无对人积极正面。仅有破坏，更无建设。而此一番风气，亦形成了一股力量，仅浮在外面，针对着现前时代之政治与社会；并不能沉着内心，而承袭传统民族大群之学术与生命。其口号则为"以科学方法整理国故"，而实非真科学，亦可谓乃反科学的。即论"国故"二字，无中心、无主见，散漫无系统，无重点。凡属中国旧有皆为国故，则凡属中国人，岂不亦成国故吗？彼等谓中国乃一"帝王专制"，又谓中国乃一"封建社会"。既为封建社会，又乌得有帝王专制？既属帝王专制，亦何得再有封建社会？此等谬论皆不出自西方人之所谓科学精神，也非科学研究，可谓全与科学无关。

近言"科学方法"一词，也可谓无感情、无意义，随心所欲，任其使用。所谓"客观"，乃抹杀了自我精神，抹灭了人生之意义与价值，而空求其所谓客观。学术之真客观，应在学术传统与人生问题上。在客观精神之下，不容于个人。但在伪造客观之口号下，可以人人各自为政，即自我作主；一盘散沙，不成团体，不成气候，无共同精神与共同目标。但个人力量薄弱，于是哗众取宠，结党为群，形成一时之门户与学阀。无学术性，而仅成为一种时代的群众势力。一切科学探讨，如由苹果落地而发现万有引力，此或本原于人类之最高心灵，最高智慧；其他辗转形成，有关实用方面，如最近发明之电脑机器人，乃及核子武器之类，种种运用，均非出于人类之性灵，抑且有大背于人情者。既其如此，演化之余，人性必自生厌倦，自加鄙弃，又乌得而成为文化之大传统？此为西方专重唯物科学所必有之后果，即观其以往历史过程而可知。

三

新文化运动之催生人，及其主持人物胡适之，其人与辛亥革命前几位学者康有为、章炳麟、梁启超诸人有不同。一论其时代：康、章、梁三人，皆在变法与革命时，其政治立场有不同。胡适幼年留学美国，并无政治背景。二论其个人经历：康、章、梁对于国学皆有根源，可远溯之广州、杭州阮元时代之学海堂与诂经精舍。胡适幼年赴美留学，其生活环境与向学经过，与康、章、梁三人大不同。留学时，著有《藏晖室劄记》一书，又著有《文学改良刍议》一文，刊载于国内之《东方杂志》。初回国时，感想国内无学术空气，又少有关西方新学术之出版。如读《墨子》书，谓梁任公治《墨学》，言多违戾。其实胡氏解《墨经》，大义多本章氏《国故论衡》，惟措辞有雅俗之分而已。

胡适返国后之主要兴趣，仅在批评当时国内学术界。其在社会方面，则以一留学生，不满于当时社会之守旧。对政治方面，则殊少立场，断不如革命前康、章、梁三氏之各有主张。其返国后之变化，则由国内沉闷求变无出路，与辛亥革命前康、章、梁诸人各于当时时局有主张，亦与当时社会对三人之政治主张各有异同离合之情况大不同。胡氏遽欲辟出一新路，此亦学术思想开新一大难题，非呫嗫可冀。情绪过激，则失之益远。即以同时陈独秀所出版之《新青年》为例，最早几期颇对德国希特勒与帝国主义有兴趣。文学则偏向传统古老之旧文学，捧川人谢无量为楷模。胡适返国，而陈独秀最先响应，主张文学革命，提倡白话文。最先景从者有刘半农，本在上海为《礼拜六》杂志翻译小说。又有鲁迅、周作人兄弟，在日本曾著有《域外小说集》，模仿林琴南从事翻译。可见彼辈与胡适之一时相应，成为一提倡白话文之新文学运动，皆证其思想无定向与情绪过激，非有深远慎密之事先考虑，而遂激起此一潮流。此与深思熟虑，开创一新学术新路向者，情势大不同。亦可不烦深论而知矣。

此外治古史唱为疑古运动者，其积极中心人物为钱玄同与顾颉刚。钱玄同初亦留学日本，拜章太炎为师；其后返国任教于北京大学，改从其同事崔适今文学主张，乃弃其旧师，又膜拜崔氏为师。并废弃本姓，自称疑古玄同。同时北大学生顾颉刚亦与钱玄同唱和，提出《古史辨》一著作，主张大禹乃一水族动物，其他不备引。此皆承康氏《孔子改制考》《新学伪经考》来。其于中国古史实未深下功夫，而轻肆疑辨。当时遂成一"疑古运动"之大风波、大浪潮，弥漫全国。可谓乃当时一新潮流，非新学术。新学术之兴起，亦岂能如流水中一新浪潮之兴起？两者绝不同，亦不烦深论而可知。

胡适之新文化运动，除疑古运动外，尚有其他好多口号，如"打倒孔家店""废止汉字""罗马拼音""线装书扔茅厕""全盘西化"等，风生云涌，一时迭起。此皆一时潮流，于承先启后千古常存之学术传统不相关。当时学术无基础，只能承袭革命前余波，有所吹嘘。如《墨子研究》，则承袭孙诒让《墨子间诂》一书。其他孙氏尚有《周礼正义》一书，则并无人能再承袭，创新波澜。

胡氏在美国之博士论文为《先秦名学史》。然开此路向者，孙诒让以下，必推章太炎之《国故论衡》，以佛学、心理学、名学讲诸子。其中最精采者，宜为《墨经》与《荀子》。胡氏既承此路向，回国后所著《中国古代哲学史》一书，稍有成绩者，实皆承章氏来。胡适外，梁任公亦有《墨经解诂》一书，不能比章氏。

胡适又提倡以科学方法整理国故，重新抬高清代考据学家之地位，轻蔑宋、明理学。但在此一方面，当时真有成绩者，仍属梁任公之《清代学术概论》与《近三百年学术史》两书。胡适不能与之相比。

胡适又推举王静安为近代第一学者。王氏所著《人间词话》《宋元戏曲史》《金元史》《甲骨文研究》《红楼梦研究》等，皆近属专门，非通学。其学术基础皆植根于革命前亡清遗老。而王氏一旦得登前清逊帝宣统之师位，乃至感恩无地，头上留长辫，最后终至投昆明湖自杀。此真不愧为亡清一遗臣，又岂得为民初开国一学人？民国与亡清，孰当从？孰当违？国人宜有一定见。倘一依康氏保皇之说，孙中山先生又

谈当前学风之弊　211

当为何如人？至于清代乾、嘉时之考据学，本属反对清廷科举，亦已早有一民族观念贯注其内。余已在他处详论之，此不再及。

顾颉刚在《古史辨》中，怀疑夏禹之实有其人，王国维有《古史新证》一篇加以矫正；此等岂得谓从西方科学精神来！胡适又提倡崔东壁，提倡章学诚，提倡戴东原；此等人物均已详见晚清时代之《国粹学报》，此皆与西方科学思想无关。胡氏又因提倡戴东原，而牵涉到《水经注》问题。但对《水经注》研究有成绩者，亦当推晚清之杨守敬及其弟子熊会贞，著有《水经注疏证》一书。顾颉刚与钱玄同则承续康有为《新学伪经考》与《孔子改制考》，于传统诸说皆无深究。当时佛学研究主要者为支那内学院杨仁山及其弟子欧阳竟无，皆在革命以前远有学脉可稽。皆可谓与西方科学无关。

自经"新文化运动"之号召，学术空气若一时蓬勃，各地学社与杂志与日报副刊，风起云涌，一若极有生气。所惜乃仅一潮流，并无真学脉、真道统、真精神为之作中心，更谈不到沉潜功夫。在当时只求普及，不能于学术之高深方面有贡献。社会群众之运动与口号，空疏过激，绝不像一种学术研究。时代一过，则全成虚伪，全成空无。迄今以后，乃真成为一"学绝道丧"之时代。此则诚一大堪痛惜伤悼之事矣。

新文化运动中，较有成绩者，一为国语运动，其次为白话文运动，皆属社会运动方面事，不属学术研究方面事。所谓成绩，亦在普及方面，不在提高与深入方面。而民国以来，社会运动之最大结果，又转移为共产思想之传播。

其次讲到中央研究院之史语所。较有成绩者，为考古与安阳发掘，及甲骨文研究。然可谓此亦由国际潮流来，并非能接触深入到自己本国当前社会需要与时代要求。在整个学术体系中，论其实际之意义与价值，实并不占有一广大与精深之地位；亦可谓分量极轻，影响极微，无补时艰，非"开物成务"之比。

此一时期学术界大病：

一、在截断旧传统。

二、为轻视前人成绩。

三、为门户之见。

四、为浅薄之时代论。

五、为学术与社会群众实际上乃分立而为二。

在当时学术上之对抗性，其所表演，乃为南京《学衡》与北平之《新青年》，北平《国故》与南京之《新思潮》。其重要对抗乃在中央大学与北京大学。但其主要读者，乃为一般青年，易于接受无学术、无根柢之过激主张，不易接受较深沉、较富中庸性的学术理论。最可怪异者，此一时期之学人，乃无不发生其自悔之心情。如章太炎、梁任公、陈独秀、钱玄同、顾颉刚，几乎无不皆然。而后生之对前辈，则不信仰、不尊重。亦可谓学术与一般人事脱离，而愈去愈远。

故泛论革命时期以及五四运动以后，亦可谓并无学术成绩,但有稍近似于学术风气之流布。如此下国家能得一长期安定,新学术或可萌芽。但不幸对日抗战又接踵发生,流离中,学术萌芽更难继续。余在抗战时期中,曾与梁漱溟详谈其事,并劝其脱离政治纠纷,同在学术上有所努力。而惜乎梁氏告余,谓必待当前政事有解决,乃可退而安心讲学。不幸抗战胜利后,乃惶惶不终日,学术更何堪言。

今再综言之。余之一生,上自前清光绪乙未,直迄今日,已经九十余载。时代翻新逼人而来,乃更无一新学术堪相追随。仅有一孙中山先生提倡"三民主义",今日则亦已成为"政党化",而远离了"学术化"。此诚吾国家民族之一大悲哀,徒堪供后人以嗟叹,更复何言!

一九六四年十月、十一月、十二月,余曾对新亚研究所学术讨论会作连续三次之演讲,讲题为"谈、续谈、再谈当前学风之弊"。当时无录音、无笔记,久已忘之。今检理旧稿,偶得当年讲演前准备之大纲。事隔二十余年,已不忆当年如何讲述。年老,脑力已衰,今亦无从再加发挥。惟思此题颇有意义,弃之可惜。仅将原来讲演大纲敷为此文,聊供读者参考。

其中多重复语,不再删节。

一九八八年一月钱穆年九十四志。

(刊于一九八八年三月《动象月刊》十五期。)

历史与地理

一

今天所讲的题目是"历史与地理"。

从前的读书人,把地理当作是历史的附属。现在大学中设有的地理系,照性质来说,应该隶属于理学院。我今天所讲的地理,仍属前一类。一个大学生应具有一些必须知道的地理知识,而学历史的更必须兼学地理。我们学校到现在还没有找到一位先生来担任地理课,一因经费上无法容许我们找专人来担任,二因不易找到理想的好教授。

今天我简单地讲一讲学历史的人应如何学地理,以及地理和历史的关系究怎样。学地理首先要懂得查看地图,最先要注意"山川";第二看"疆域";第三看"都邑",然后再从都邑回溯到山川;第四要注意"交通"。这些都是普通常识,只查地图便知。若连这些都不知道，便不易懂历史。

诸位在学校念历史，一定要对上述诸项地理知识有一粗浅的概念。读历史读到地名，一定要查看地图。只是在香港，地图不易得，旧的如《大清一统舆图》，较新的如丁文江、翁文灏等所编《中国地图》等，都不易找。但即有这些地图仍不够，因仍不知古代地名所在。因此，我们又须知道地理沿革，这一层却非常麻烦。

如我是江苏无锡人，但我生在前清，也可说是金匮人。因在前清时，无锡、金匮是分县同城的。如何有分县同城的制度？那要牵涉到制度问题上去，此处且不讲。但到民国后，分县同城的制度取消了，于是金匮并入无锡，因此我只是无锡人。又如元代胡三省注《资治通鉴》，凡遇地名都注上。但他注里所说的"今"，是指元代言。因此他注中所举出的今地，现在仍不一定有。清代学者遂有《通鉴地理今释稿》一书。但清儒的今释，到我们此刻仍然是古的了。由此可知，要通沿革地理，其事甚不易。于是要看历史地图。以前都看清末杨守敬的《历代舆图》。此书不仅不易得，而且到现在仍感不适用。可见在这一方面，正待我们学历史的人，继续去下工夫。

我以前在北平教历史，不仅备有普通地图和历史地图等，又还备有邮政地图及军事地图等，那些就更难得。又有许多特别应用的地图，如此刻中共和印度相争，那一方面边界的详细情形究如何，自必待参考地图。古人说："左图右史。"而我们此刻又不能多备地图，要来讲地理，那就很困难。回忆在中日战争时，日本人用兵路线，有些处他们很懂得中国历史上的战争经过，他们在此一方面占了许多便宜。那时我们一方，似乎反而对这些知识不如他们。那是深可慨叹的。

二

但我们只讲查看地图或《地名大辞典》等，这样来求地理知识，只求能记忆，依然是死知识，没有大用处。我们一定要把地理知识活用到历史上来，由此而加深我们对历史之了解。这问题更复杂。让我就自己经验再讲一些入门方法。

诸位最好不要先有一存心，以为自己是学历史的，或是学文学的，不关这一方面的书便不看。我开始能懂历史地理，却是从读经学书入门的，因我早年曾用功读过了《皇清经解》。

其中有一部阎若璩的《四书释地》。他把四书地名一一查考。例如"子路宿于石门"，好像石门只是一地名，不烦探究。但阎书把此石门究在何处仔细考订，因此这一章的情迹，才得透露无遗，使我们因此获得了很多新知识。我因读了《四书释地》，才懂得考据之学，才懂得地理知识之有用，才懂得如何在历史上活用地理知识的方法。这是我要介绍的第一书。

第二部是胡渭的《禹贡锥指》。《禹贡》所讲都是古代的山川疆域，而胡渭《禹贡锥指》却不仅专讲古代，更重要的在讲述黄河在中国历史上之重要演变。我们常以为黄河是中国之害,其实黄河在古代中国,有如埃及的尼罗河,巴比伦的两河,印度的恒河,同为世界四大文明古国文化发源地的重要河流,应说黄河为中国之利才对。胡氏《禹贡锥指》把古代直到清代黄河历次水患情形,以及各时代治河的意见与办法,一一叙述。我在他书中获得了甚大启示。我在很早以前写了一篇《水害与水利》的文章,当时很受一辈治史朋友们重视。后来写《国史大纲》时,特有《南北经济文化之转移》一章,中有许多创见,完全因我受了胡渭《禹贡锥指》的启发。

诸位又莫以为,四书地名,黄河沿革,已经有人研究过,他们的书不值得我们再注意。当知做学问,最先便是要了解从前人的甘苦,和接受从前人的成绩,否则便没法再创新。诸位读《四书释地》《禹贡锥指》,至少可把此两书作为自己将来作新研究的示范。不看别人如何研究,便不能懂得自己当如何研究呀!

我要介绍的第三部是顾栋高《春秋大事表》。这本书将春秋二百四十年十二大国间之军事、外交种种关系详细说明,这中间全有地理背景。我读了此书,始懂得关于中国北方黄河流域这一地区之山川向背、疆域形势、都邑交通,种种地理方面之知识与当时历史情态间的紧密关联。诸位莫认为我正在研究历史,且莫管地理方面的知识。诸位又莫谓我正在研究汉、唐、宋、明,且莫管春秋时代之一切。当知你若能懂得春秋时代,自有许多足以帮助你了解此下各时代的问题,在地理方面也如此。我所著《国史大纲》中有许多方面是讲地理的，许多时代的史事都把地理背景配上作说明，最先是受此书的影响。

还有一部书，就是顾祖禹的《读史方舆纪要》。此书不在《皇清经解》内。但在我幼时，此书似乎获得广泛的读者，尤其是关于十八省之总论方面。但随后读此书的人便少了。当我在北平时，曾在某篇文章中讲过。日本学人注意此书，这一意义之背景甚值得我们之注意。后来"九一八事变"发生，日本进军侵略中国，有许多行军方略，似乎正用此书作向导。我后来到昆明，在西南联大授课，有一位毕业生要到江西前线去做随军记者，临行时要我对他有些指示。我说：要做随军记者，该懂些军事地理。他说他从来没注意。我就指点他读《读史方舆纪要》。但在昆明买不到此书，因此我决心在下学期特开"中国军事地理"一科。但我那年暑后临时离开了昆明，此科终于没有开。

我对地理知识乃在《皇清经解》中开始获得了入门，已在上面讲过。现在再讲一本书，那是梁任公的《欧洲战役史论》。此书写于第一次世界大战时。读了此书，对欧洲地理可以获得许多知识。此项知识，并多与历史紧密相关联。当然梁任公必是读过如《春秋大事表》一类的书。因此，说到近代欧洲战略地理这一类新知识，可谓在我们中国春秋时就有人懂得了。下至汉高祖，虽然和项羽划鸿沟为界，但跟着从另外两面包抄项羽；一面派韩信渡河侧击，一面派彭越在项羽后方捣乱,结果是刘胜项败了。此下历史上的兵争,有大部分都牵动到全国的大局面;此类兵争,均须知道有战略地理学之运用。直到清末,曾国藩湘军和太平天国作战,也有一套全盘战略,都和地理形势相配合。胡林翼在当时,曾特著了《读史兵略》一书,为实际应用作参考。所谓《读史兵略》,其实仍是一部地理书。而太平天国诸将不了解到这里,所以终于失败了。

我想诸位若亦能从上述诸书试加浏览,或可获得从地理讲历史一个入门的途径。

三

其次讲地理,重要在能到各地去游历。

即如最近有"北京漫游"的电影,中间介绍到卢沟桥。此桥如此著名,其实也不在它有如许多的桥洞,与如许多对石狮子。专论桥的建筑本身,是不会了解到此桥的历史意义的。我当年曾和一位同是学历史的朋友亲到卢沟桥去畅游了整半天,我才体会到所谓"卢沟晓月"的意义所在。晓月到处可见,为何卢沟晓月独能如此著名?因在清代,建都北平,全国政治知识分子,出京进京,绝大部分都须经过卢沟桥。出京时第一站,进京时最后一站,都得在卢沟桥住宿。一清早起程,那时的晓月,对中国一般士大夫知识分子心理上的影像,是特别深刻的。这正如唐代长安之"灞桥折柳",虽和卢沟晓月时地不同，昼夜景色不同，但同有一番很深微很广泛的情调，与此一时代之历史，有内在相通之呼吸。举此一例，可见我们要从地理来了解历史，而求能获得此两者间一番深微内在、活泼生动的想象和意义，最好而且必然应从亲身的游历去摄取。

近一百年来的中国人，心中只想去外国，绝少有对中国内地游历发生兴趣的。我们说："秀才不出门，而知天下事。"其实彼之所知，多少是不真切不确实的。近代的中国人，纵使他遍历五大洲，但就其对本国言，则多少只是一位不出门的秀才。彼之所知，只是一秀才之知。因其不懂地理，所以也不懂历史，不懂真情实况。若使全国知识分子都如此，全对其国家民族之已往和现在无知识，这岂不是等于亡了国！现在我们耽在这地方，没法到内地去游历考察，这还情有可原。可是从前在国内的青年，他们对于国内各地山川都邑全都引不起兴趣，一心只想去外国，这亦是一件使人感到非常痛心的事。

又如诸位读到唐初王勃《滕王阁序》，其中有"落霞与孤鹜齐飞，秋水共长天一色"等美丽句子，传诵百代。但滕王阁在那时，所以如此出名，却不就是为了王勃的文章。若我们要了解滕王阁在当时的地位和情形，我们就会考论到唐朝的文化、经济、交通等种种情形。江西在唐时，是南北交通要道，行旅往来不绝，而滕王阁适当其冲。这就要牵涉到所谓"经济地理"与"文化地理"之范围。

历史与地理

若我们空讲中国传统文化,却不明白文化地理之演变,如洛阳先在魏晋后在北宋时都很重要,因其是当时文化文物的荟萃集中点。至于杭州、苏州,要到宋以后才慢慢地像样。而到清朝五口通商以后,上海遂成重要商埠,驾过了以前历史上扬州的地位。又如今天的香港,其地位重要,又超过了百年来的上海。我们若不明白文化地理,也就不易真明白文化历史呀!

四

从文化地理再说到宗教地理。譬如问:为何自汉以下历代帝王都到泰山去封禅?泰山并不是中国境内一个了不起的高山,泰山在宗教信仰上何以得此崇高地位?我曾亲到过泰山,才约略体悟到其中一部分之所以然。中国名山虽多,如江西庐山、陕西华山等,我都去过,才知道这些山都不合帝王封禅使用。华山宜于道家住,庐山宜于佛家住,这里面最好用地理知识去解答。

诸位如能读郦道元的《水经注》,他书中记载着很多山川、都邑、名胜,以及在他以前的文化遗迹。这对于学地理有益处,对学历史同样地重要。

在中国因其历史演变久,每一地方都有其深长的历史性,都有其丰厚的历史遗迹。即以山论,华山有华山的历史,泰山有泰山的历史,庐山有庐山的历史。不仅在政治史、宗教史上有关，在艺术史、文学史上也有关。诸位各自的家乡若能用历史眼光去研究，便知都有其长远的历史，都有深厚的文化遗迹存留。如我家在无锡之梅里，相传自西周初吴泰伯避地来此直到现在，这一地方已有三千年可考可述的历史了。有一部书名《梅里志》，几乎把我家附近每一乡村每一角落都装进历史里去。我小时即很喜欢看这本书，因看这本书几乎如读三千年历史，而此三千年的历史又近在我家乡呀！我想诸位各自的家乡或多或少，或大或小，都有类此的情形。因此中国每一县有县志，每一省有省志。可惜中国各地志书此刻大部分多被外国人搜购去。但他们买了去，只摆在那里，很少人真能利用。而我们此刻在香港，要见这些书便很困难。我今天虽讲了这许多话，也不能真要诸位在此方面去用功，这也是痛心事。

现在我们姑且说，学地理可以帮助我们去研究历史，而如能亲到各地游历，更可发现许多为从前人所不注意的新问题。在地面上实有许多新鲜的历史材料和历史涵义，待我们去发掘和体会。

即如艺术及建筑等，便有许多要待我们去游历考察。因此不仅是普通史，即如各门专门史，尤贵有亲切的地理知识。我曾这样想：若有人能把《全唐诗》来分着地域作研究，其中也必有许多新发现。

中国实是一个大国家，又历史悠久。因此研究中国地理，最好是由分而合，四面凑合，绝不能由一人来包办。诸位今天有志研究史学、文学,要做一个理想的、像样的中国人,对中国的地理如何能不知道,此理极显明。但阐发则话长,姑此发端,以待诸君将来去努力罢!

(一九六二年十二月七日在香港新亚书院历史系学术讲座讲。刊载于一九六三年三月二十二日《新亚生活双周刊》五卷十七期。)

我如何研究中国古史地名

我近年来的讲演,前后共约十篇,差不多都讲的做学问之方法。我曾出版了一部书,取名《学籥》,意为做学问的钥匙,即学问之入门。其中有两篇较重要的文章:一是《朱子读书法》,一是《近百年来诸儒论读书》。盼诸位再取细读。今天我只想作一些随便谈话,临时想要讲我自己研究中国古代地理之经过。

民国十二年时,我在厦门集美任教。课暇,读《船山全书·楚辞通释》至《九章·抽思》"有鸟自南兮,来集汉北"句,船山注曰:

> 此追述怀王不用时事。时楚尚都郢,在汉南;原不用而去国,退居汉北。

当时余骤读此注，甚为诧愕，乃知屈原实曾居汉水北岸，为《史记》所未及，亦似为前人所未道。此一新知，深印我脑中，使我发生兴趣。从此推演引伸，在我心中盘桓有七年之久。乃在民国二十年，写出《楚辞地理考》一文，发表于《清华学报》。此文重要部分，后皆分别增入我《先秦诸子系年》一书中。而我对屈原生平，酝酿出一极大翻案，即谓屈原行踪，根本未到今日湖南省之洞庭湖。彼之一生，其实只局限于湖北汉水流域。为此问题，曾招来多人之驳辩，但我至今仍信此说不可摇。

为此问题，首先注意到洞庭湖之地位。据顾栋高《春秋大事表》所述楚国疆域，实未尝到达长江以南。即到战国屈原当时，楚人重要据地仍在湖北。我乃注意到《楚辞》中之"洞庭"二字，使我发现一新开悟。因我是江苏人，在苏州太湖中有洞庭山，而《续古文辞类纂》所收吴敏树一文，曾讲及古时传说湖南洞庭湖水，乃由地下潜通至江苏太湖之包山，故包山亦名洞庭。其说实非始自吴氏，而远有来历。而由此使我注意到古史上异地同名之一事实。

异地同名，其例甚多。如近代英国因移民关系，而英伦三岛之地名，播迁至美、加、澳三处者，多不胜举。在我家乡无锡，有一镇名东亭，一镇名荡口。东亭为大族华氏世居，小说中有唐伯虎三笑点秋香，其时华家即居东亭。此后华氏有一支迁至荡口，于是荡口镇上之地名，颇多与东亭镇上相同者。如东亭有杨树港，荡口亦有杨树港。东亭有卖鸡桥、卖鱼桥，荡口亦然。其他两镇地名相同者尚多。此盖华氏族人由东亭迁至荡口以后，即以东亭之旧地名来作荡口之新地名。我幼年居荡口镇，因此种种，使我领悟地名迁徙之背后，尚有民族迁徙之踪迹可寻。由此想到中国古代甚多异地同名，其中实暗藏有民族迁徙之蛛丝马迹。此一开悟，使我治中国古代史，获一新领域。

我常想，研究中国古代史，如讲年代问题，当自春秋以下始见重要。若上溯之，春秋以前，年代问题实不太重要。如在西周初年，《周本纪》《鲁世家》所记年代不甚清楚。商以前年代更不清楚，而且也无法定要考究得清楚。因就历法言，每隔三四百年，天文现象上，即可有一约略相似之小循环。而如岁差问题，每隔八十六年便当错一次。古人历法本就粗略，我们根据后代精密之计算，来推论前人粗略之记载，有些处便根本靠不住。好在在古史上，隔了三几百年，人类历史还是那样，既无甚大事述可稽，亦无甚大异同可辨。因此讲中国古代史，我认为年代问题，实不太重要。

若说到古史人物，都由传说来，隔几百年有一大人物，而相互间亦不见有甚大差别。我常说，中国古史人物，须从西周初年周公开始，才可有较具体较详细的可信叙述。

因此我想治中国古代史，民族问题或较值注意。但此事实难下手。因中国古人似乎并没有很深的民族鸿沟存在其观念中，因此无论是传说或记载，对此方面，皆甚模糊忽略。我认为从民族方面去研究，或是一条路。但我在此上，并没有花大工夫去作深入的探究。

其次在研究中国古代地理,或可为古代民族迁徙寻出一条路。我为注意异地同名,才发现出一项通例。原来地名初起,都只是些普通名辞,后来才演变成为特殊名辞的。如《尔雅·释山》《释水》两篇之山名水名,本都有意义。换言之,亦可说其本都是普通名辞。如"霍山",《尔雅》释为"大山宫小山为霍"。"宫"乃围绕意,四周大山,圈围一小山。如此类型之山,皆可称"霍山"。故安徽有霍山,其后湖南也有霍山。正因山形相似,故山名亦相同。洞庭之"庭"字,本义乃是门堂间通路;"洞"是穿义。湖南洞庭湖水是否确自地下潜穿至江苏之太湖,此乃传说,不足信。但即就今之洞庭论,湖水涨时,一片汪洋;及其浅落时,陆地浮现,分别成甚多小湖。古人可能在其湖水浅落成为多湖时,认为地下水脉,仍必相通为一湖,故名之曰"洞庭"。江苏太湖,本名五湖,因此亦有洞庭之称。

再进一步论之,必是湖南先有洞庭之称,随后其名乃移用到江苏来,而从此又生出两地水脉潜通之传说。循此意求之,如我家乡无锡之惠山,又名九龙山。九龙山之名,到处有之。如此刻我们在九龙,本即系由山名转为地名的。连山横亘,即可称之为九龙山。又如湖南之南岳衡山,衡者横也,凡山形横列,皆可称衡山。故衡山决不止专在湖南始有,河南亦有衡山,便是其证。我在北平时,曾游妙峰山,此山为北方圣地,每年朝山进香,甚为盛事。我登此山,八里一程,凡越七程,愈攀愈高。直至第八程,却反向低趋落,始见中为一小山，外面四界都是高山围拱。因此我才悟到"大山宫小山为霍"之真义。其实妙峰山亦即是一"霍山"，故得成为一圣地。惟霍山之名先起，而且已不止一处有此山名，故北方人呼此山，不再称"霍"，而随俗称之为"妙峰"了。

再推此求之，如江西之彭蠡湖，"蠡"是螺旋义，"彭"是大义。上游长江汇纳汉水，水势灏渺直下，遇水涨时每倒灌入彭蠡；彭蠡成为长江一大蓄水池，水势到此甚急，每激荡成大螺旋，故此处水名"彭蠡"。但在《淮南子》书中亦有彭蠡。据我考订，《淮南》书中之彭蠡，乃指黄河之风陵渡一带而言。可知凡水势回旋成大螺形处，皆得称"彭蠡"。但后来彭蠡成为江西鄱阳湖之专名。若我提起中国别处也有"彭蠡"，别人听了，反觉是在故意发怪论。

我因此推定，《楚辞》中之"洞庭"，实应在今湖北省境。《国策》中又有"长沙"一名，其地亦应在河南或湖北境，而非今湖南之长沙。其实依字义求之，只要此水沿岸绵延着很长一带沙地，即得称长沙，何必定在湖南始可有长沙呢！

最难讲的，却是"屈原沉湘"的"湘水"之原义。《诗经·采蘋》"于以湘之"，此"湘"字训"烹"，水在锅中烹，就沸腾了，可见湘亦即水沸义。"襄"字与"相"字通，可知"瀼"字亦与"湘"字通。《尚书》"浩浩怀山襄陵"。遇水势盛涨，腾驾直上，便像要怀山襄陵。此水可名瀼水，亦可名湘水，省去水旁，即可作襄水。襄阳在汉水之北，汉水之南则为襄阴。王莽时改地名，"襄阳"改作"相阳"。可知湘水即襄水，而襄水亦即今湖北之汉水。

但汉水之"汉"字得名又将作如何讲？所谓"河汉","汉"本指天上之水，所谓"天河","河"则指地下之水。甘肃省有天水县，即汉水之发源地，此在《唐书·地理志》中有明证。何以谓之天水？因此地水涨时，浩浩沸腾，其来势甚为急骤，若来自天上，故称汉水。阐释至此，可知汉水即襄水，亦即湘水。屈原居于汉水之北，郢都即在今"宜城"，为秦楚大战之地，《水经注》中载此颇详。其地名"鄢郢"，因附近有一鄢水。其后楚人迁至安徽，其都城仍名郢。战国时，楚人大量东徙，却无大量南移之证。故知屈原实并未到今湖南之湘水。当然战国晚年，亦有不少楚人南至长沙湘水流域者；地名随之迁徙，而故事亦随之迁徙。于是屈原沉湘，遂若确在湖南境，而我《楚辞地名考》所论，又若转成为一番怪论了。

我因此又得一通例，即地名迁徙，必系自文化地区迁徙至偏远地区者。而文化地区之旧名则渐为新名所掩没，后人只知有新地名，忘了旧地名。而偏远地区则因文化低落，较少变动，故此新地名反得保留常传。故今湖南仍有湘江之名，而湖北境内湘江旧名反见掩没了。

余为此一通例，又作其他之考订。如西周初年之自"豳"迁"岐"，后代皆认为豳在陕西，但遇甚多讲不通处，历来争辩，终无定论。我曾详读由戴东原所编修之《山西通志》，始写了一篇《周初地理考》，确定"豳"字本作"邠"，原在山西汾水边。水名为"汾"，地名则为"邠"，在山西境内。此项地名迁徙之例极多。如晋国都城本应在晋南,并不在晋北。顾亭林曾亲游山西,在其《日知录》中辨此甚详。我读《山西通志》后,乃知周人其初乃自山西渡河西迁而往陕西。如今《诗经·豳风·七月》之月令乃属夏历,此即山西人之传统历法。故《豳风》中所描述一切天文气候农村情况,移至陕西,便不适合。此问题与《楚辞》地理问题,同为余研考古史地名之大发现。余至今仍深信不疑,认为尚没有真能推翻我说之新材料或新证据,能为余所接受者。

稍后我又写成《黄帝地望考》一文。黄帝乃中国古史上传说中最伟大之人物,传说中有黄帝与蚩尤战于涿鹿之野一节。后人皆说涿鹿在怀来。我甚怀疑黄帝何以能远迹至此与蚩尤作战。又传云"黄帝西至崆峒",其实《庄子》书中黄帝所到之崆峒应在今之河南境。我因疑黄帝与蚩尤作战之涿鹿,应在今山西南部解县之盐池附近。我又自黄帝推讲到古代三苗,写成《古三苗疆域考》一文。在《战国策》中,吴起尝提及三苗疆域,"左彭蠡而右洞庭",因此我推定吴起口中之彭蠡、洞庭亦皆在黄河流域,而不在长江流域。其他像此类的考订,此刻不再多举。

我本欲将此许多篇论文汇集付印为《古史地名论丛》一书,后因抗战军兴而中辍。民国二十八年,在抗战期中,为奉养老母,我曾返苏州,闭门读书一年。日长无事,欲对古史地名作一综合之研究,耗时一年,写成《史记地名考》一书。但因我匆匆离开苏州,从香港飞重庆,此书之《序文》与《编纂例言》尚未及写,而将原稿交予上海开明书店付排。抗战胜利后,开明已将全书排成清样,我又要回来,在不改动页数之可能下,稍稍改订了几条,惟仍未刊行。去年大陆将此书以开明编译所名义出版了。但此书中,已将我凡属关于古史地名之不少创见,通体以极简净的断语写进去。我本预备将来以此书与《古史地名论丛》两书相辅并行,此刻我的论丛各篇还未能汇集付印,则《史记地名考》中所收那些结论,只是短短几句的,便真像是无根据的怪论了。①

而且我编著此书,在体例上,也是别具一番苦心的。现在他们把我此书印出,而没有我的一篇例言,来说明我编排材料之体例,则将使读我书者,徒然枉费工力,而摸不到此书之纲领及重要关节处。若仅当一部材料书来作临时之检查用,那就把此书之主要贡献及其意义价值所在,将会全部埋没了。

至于我编著此书之最先动机及其详细经过,像我此次讲演所提及的,只是其前一半之节略。有关正题的后一部,我尚未在这讲演中提到。至于我编成此书后,对中国古史方面有何重大阐发,此等均该在书前有长序作为交代。现在他们只偷取我的原稿,抹杀我的名字,胡乱出版,真是学术界未有的荒唐事。只因我现在事冗,而且我的兴趣对于古史地名方面的,自成此书,即已搁置,不曾继续理会。只有待我稍

---

① 编者注:《史记地名考》一书,作者已于一九六六年补作一序,说明编纂大意及本书体例,并附《地名总目》《地名索引》各一卷,交香港龙门书店出版印行。

得清闲，重新提出我的旧兴趣以后，始能再行落笔了。

现在我只提出一点来使大家注意。当知此一部《史记地名考》，实是一部有甚深背景的专家著述，决非只是抄卡片、集体编排所能完成。诸位读此书，也须懂得像读我的《先秦诸子系年》般，千头万绪，互相关联。只是在体例的外表上，好像只是一堆材料，因而使此书更难阅读。总之，要读我此书而能消化，获得其真意义真价值所在，则非俟我的长序与例言写出，恐不易为一般读者所企及的。

（一九六三年十月三日新亚研究所第五十三次学术演讲讨论会讲。刊载于一九六四年七月香港《新亚生活双周刊》七卷五期。）

李源澄秦汉史序

昔章实斋《文史通义》论史法,有记注、撰述之分,谓:"撰述欲其圆而神,记注欲其方以智。智以藏往,神以知来。记注欲往事之不忘,撰述欲来者之兴起。故记注似智,撰述似神也。藏往欲其赅备无遗,故体有一定而其德为方。知来欲其抉择去取,故例不拘常而其德为圆。"斯言也,可谓已尽史学之功能矣。今代西方史家有现实史观与历史史观之争。主现实观者,谓历史贵能为吾人了解现实之助;此所谓新史学家者率主之。其较笃旧者,则谓历史记载应重当时,不为后代;此即所谓历史观也。窃谓此二者,在中国殆已不成争点。历史观即略当于章氏之所谓"记注",藏往似智。现实观即略当于章氏之所谓"撰述",知来似神。《记》有之曰:"疏通知远,书教也。"夫使徒知有古而不能通于今,此王充之所谓"陆沉"。彼人与事,皆已往矣,徒事记诵,又何贵乎有此史学乎!然使记载既不足以藏往，复何资以知来？苟使今之撰史者，其意徒为供今日一时之用，则年驰月骋，事运而迁，今日之记载，转瞬将成他日之废纸，史态已失，渺不再得，后之人将何从而复借以为了解其现实之助？故知无藏往之智，斯不能有知来之神。而苟非能有知来之神，亦不贵有此藏往之智。二义互成，固无烦乎分派而争也。

论国史体裁者，率分编年、纪传、纪事本末三类。纪事本末原本《尚书》，编年远祖《春秋》，纪传则自《史记》《汉书》以下，所谓历代正史是也。本章氏之意，则编年、纪传二体，皆有例可循，近于记注之方以智。而《书》体因事命篇，初无定法，近于撰述之圆而神。故自《尚书》之变而为《春秋》，《春秋》之再变而为《史》《汉》，正史之逐步谨严，亦史法之逐步完成也。何以言之？夫史以记事，则《书》体自其太璞。然事变错综，不可方物，使一事而十人记载之，可以十异其面目矣。惟加之以年经月纬，斯其事之始末演变，差易近于客观。故编年者实纪事本末之记注化，亦即纪事本末之方形化也。若更进而求之，则事由人造，一事之兴，参预其曲折者，常十百其人焉，仅就其年月先后为之排比，犹恐不足以尽其事变之真态；乃进而就其事变中之人物而逐一记述之，夫而后一事之首尾表里正反纵横，乃始更臻于客观。故纪传者，又编年与纪事本末之记注化，亦即编年与纪事本末之方形化也。凡所以不惮烦劳，必人人而传之，亦惟以期其更能善述乎事变之真态，与夫善尽乎藏往之职能而已。藏往之职能既尽，斯史家之功效已毕，而后之人亦可凭藉以得其知来之用，此中国史学方圆兼尽之极深妙意之所在也。故尼山《春秋》，龙门《史记》，若绳之以章氏之论，皆撰述之至圆而神者也；而其用心之所重，则转不在圆而在方，亦惟曰：我仅求其更能尽夫记注藏往之职能而已矣。斯固史学家所不可或背之宗旨也。

夫史家间世而一出，而记载则不可一日缺。惟其例愈严，体愈方，凡其愈足以资中人之取法，而可为藏往之具者，而后其书乃愈足以行远，而为后世之所师效。故自《史》《汉》以还，纪传一体，独为中国历代之正史，后人踵而勿易者，良有以也。今若以西国史书较之，则彼所盛行者，厥惟纪事本末一体；若编年、纪传，则殊未足与中土相拟。彼亦未尝无编年、纪传也，然要以纪事本末为之主，而特融二体以副之。反之在中国，则融纪事本末于编年与纪传之二体中。一尚圆神，一尊方智，其演进之异轨，有确然不可混者。故西方虽亦有编年史书，然以较中国自春秋以来历二千载，年分月系，勿缺勿乱，则彼固瞠乎其后矣。又况中国史官，有"日录起居注"之类，方事变之未兆，彼固已按日而笔之矣。其为藏往之密，凡以求其近客观而为方以智者，有如此。以言传记，西方颇有长编巨制，又率以一人而包综一时；此亦变相之纪事本末也。若欲为客观藏往，则以一人传一时，固不如分以众人传一时之为胜。今人喜追步西方，乃亦效为秦皇、汉武作长传。然秦皇、汉武之事迹，其功罪是非得失之所在，《史》《汉》成书，固已罗著靡遗矣。惟不专系之于秦皇、汉武之身，乃分而见之于秦皇、汉武并世之诸人。群山万壑，旁见侧出，骤视若博望侯之初入西域，不易得其要领；然此正史家谨严，力求客观之深意所寄也。故自东汉以下，虽私家碑传盛行，及于唐代如李邺侯，宋世如韩魏公，皆为一人作长传，积书数卷，积字数万，用力至勤矣；顾后之史家，卒不循以为准则。宋后代"家传"而起者，乃有"年谱"一体。此反以传记寓诸编年，仍是侧重藏往方智之意也。苟不明此，将何以衡量我先民历古相传之史业哉！

然事有不可以一端尽者。抑尝论之，中国之最可夸耀于并世者，固莫史学若矣。然而积至于今，藏往愈富，知来愈惑。物极必反，道穷则变。章氏先瞩，彼已教人曰：盍不求《尚书》未入《春秋》之初意。自西学东渐，世变日亟，人事日繁，编年、纪传浩瀚不可猝究，于是人自负以撰述，家相鄙为记注，治史者竞趋新轨，皆务望为疏通而知远，惟求其圆而神，而不悟"知来"之必基于"藏往"，"圆神"之必本于"方智"。若由今之道，无变今之俗，窃恐他日史学将绝，而往古史迹，亦且日废。矫枉而过其正，轻侮前人而不深究其底里，其势则未有不至于是者。

今试变通章氏之意而说之。夫撰述之圆而神，固非尽人所冀；抑欲为鉴古知今，则亦诚读史者之所有事也。夫史之藏往，历千古而不变；而读史者则与时而俱新。故宋、明人读《汉史》，其所见已异于唐人。清人读之，又异于宋、明。

今之人复将异于清人。抑且同时之人，亦不妨其互异。斯其所以为圆而神也。昔苏东坡教人读《汉书》，分数番读之。先读其典章制度，次读其文章风采，读之久且熟，必恍然有所见矣。今若以一代之人，分工合作，以效苏氏之所为，则圆神知来，读史者固撰史者之先驱也。使今之人肯稍谦以自处，自居为读史者，曰：我以为撰史者之先驱焉。则于今日藏往之史，必不汗漫忽视若不屑；则庶乎有深知其意者出乎其间，而后乃有当于撰述之圆而神者也。

余学无涂辙，中岁以往，始稍稍知治史，于迁、固之书，幸而薄有所窥见。往者谬膺北京、清华诸校讲席，授《秦汉史》，草为讲义，及新莽而止，其下未遑续稿。阔之箧衍，逾十余岁矣。今年春，李君浚清自灌县山中来，出示其新著《秦汉史》一编。读之，有幸与鄙见相合者，有鄙见所未及者。私自忖之，浚清其殆今之所谓善读史者耶！其书则亦章氏之所谓圆而神之类也。浚清将以行世，而索余为之序。余谓读浚清书者，姑亦如苏东坡之所谓，聊当又是一番读迁、固书可也。若汗漫忽视迁、固书若不屑，则亦不足以读浚清之书。因拈章氏论史之意而序以归之。

（民国三十五年二月钱穆序于成都之华西大学。）

古史摭实序

学术随时代而转变，一时代则有一时代之风尚。方其风尚初兴，群趋共慕，争先恐后，若非此无以为学问，亦非此无以成绩业。逮其风尚之既衰，则相与掉头却步，趑趄而不前矣。先秦有诸子，两汉有经学，魏晋有清谈，南北朝有翻译，隋唐有禅，宋明有性理，清代有考证，何一而非然者。今日者，旧辙已迷，新轸方遥，风气鼓荡，尚未臻成熟之境。然一时意气之所趋向，则亦有可得而言者，厥为材料之重视。曰：必有新材料而后有新学问。此说也，一二人唱之，千百人和之，亦几乎成一时之风尚矣。鄙意于此，窃有疑焉。夫为学人之新材料者，莫过于其当身之时代。时代变，斯需要变；需要变，而学人之心思目光，宜亦随而无不变。故诚能深入时代之渊海，则其周身所遭遇之材料，无一非新。否则昧乎时代之变，而徒求材料之新，岂不亦浅之乎其所谓新哉！

抑尤有进者。今日之日，犹是昨日之日也，而光景常新，无害其为变；此一说也。年运而往，而宇宙常此宇宙，天地常此天地，无害其为恒；此又一说也。学者之心胸，贵能明乎"变"，又贵能通乎"恒"。先秦之诸子，其学变矣，而其卓然成家者则恒在也。两汉经生之章句，其学变矣，而其笃师传而尊家法者，则恒在也。魏晋之清谈，其学又变矣，而其高标致而敦性真者，则恒在也。南北朝之翻译，隋唐之禅，宋明之性理，清儒之考证，居今而言，凡其所以为学者，固已无不变，而亦各有其恒在而不变者。学者非大其心胸，有以汇百代之洪流，而汲汲焉务于自掘一坎之井，俯焉仰焉，斟焉酌焉，曰：水也水也。此固无人焉而可以谓之非水，然而观水者，将何趋而何往耶！

余友施君之勉，早岁游上庠，适当学术风气转变之候，而犹获晋接于一时之巨人长德，有以上窥前世学者之矩矱。中岁以病自放，教课之余，常杜门不接人事，而潜心于学，数十年如一日。其造诣之卓，体悟之精，虽素所交游者，有不尽知。独余与施君，以邑人，又少同学，过从最密。日常之谈论，函牍之往返，自谓知施君最亲。余性好泛览，学不能专，得一书，往往不数日即易去。而施君则沉潜反复，优游浸渍，醰醰乎探之而愈新，愈咀而若愈有味，而忽忘其年月之已多也。余气盛而心躁，不耐久坐，读书未终卷，辄出门行步，遇佳风景，每流连郊野，竟日不归。而施君，无论昕夕晴雨，必掩户默坐，室外不知室中之有人也。余好议论